Anekdoten zur Berliner Geschichte

Rainer Grebe

Berliner Spiegelblicke

istolé

Rainer Grebe:
Berliner Spiegelblicke

ISBN: 978-3-910347-45-8
ISBN E-Book (EPUB): 978-3-910347-47-2
ISBN E-Book (ePDF): 978-3-910347-46-5

1. Auflage 03/2024

Umschlaggestaltung: M. Leeck, AKRES Publishing
Schrifttypen: Linux Libertine by SIL Open Font License 1.1

Herstellung und Verlag: istolé Belletristik, Imprint des Verlags AKRES Publishing
Remscheider Straße 45, D-42369 Wuppertal
Tel.: 0049 (0)202 5198830, E-Mail: info@akres-publishing.com

Besuchen Sie uns im Internet: www.akres-publishing.com

Bibliografische Information der Deutschen Nationalbibliothek:
Die Deutsche Nationalbibliothek verzeichnet diese Publikation in der Deutschen Nationalbibliografie; detaillierte bibliografische Angaben sind im Internet über http://dnb.ddb.de abrufbar.

„Ein intensiver Blick in den Spiegel
beantwortet uns so manche Frage,
bevor sie sich überhaupt stellt!"

(© Jan Mathes, geb. 1962)

Inhalt

Prolog

Der Blick auf das Leben eines Menschen wird oft mit seiner Biografie gleichgesetzt. Das könnte auch für die hier erzählten Geschichten, die Erfahrungen und Begegnungen aus dem Leben des Autors gelten. Hält man es jedoch mit dem italienischen Althistoriker Arnaldo Momigliano, dann ist die Biografie stets eine Darstellung des *vollendeten Lebens* einer Person, nicht aber die Rückschau auf prägende, ganz persönliche Begegnungen und Erlebnisse.

Wann immer Menschen zusammensitzen, sich angeregt unterhalten, bestimmt oft das Zurückliegende, das gemeinsam Erlebte, ihre Gespräche. Hin und wieder zurückschauen – man könnte es auch als einen gelegentlichen Blick in den Spiegel bezeichnen –, bedeutet also nicht, in der Vergangenheit zu leben. Es steht zudem nicht im Widerspruch zu Gustav Mahlers These, dass die Weitergabe des Feuers wichtiger sei als das Bewahren seiner Asche.

Sich erinnern, ist die Fähigkeit, sich seiner Wurzeln bewusst zu werden. Das geschieht selbstverständlich nicht regelmäßig. Unserem Wesen entspricht auch, dass wir – bewusst oder unbewusst – die eine oder andere Situation unseres Lebens ausblenden. Es ist, als landete sie im Dunkel unseres Gedächtnisses – wie in der hinterste Ecke eines Kellers.

Es sind dann oft die kleinen, alltäglichen Zufälle, die uns veranlassen nach etwas aus der jüngeren Vergangenheit zu suchen. Das kann dazu führen, dass plötzlich jene, fast vergessenen Erinnerungen mit sanftem Druck aus der Dunkelheit zurück ans Licht streben.

Der Zufall

Wenn wir ein Buch aufschlagen, die ersten Seiten nicht achtlos überblättern, oder wenn wir dem Vorspann eines Filmes hin und wieder ein wenig mehr Aufmerksamkeit schenken, dann begegnet uns fast regelmäßig ein kurzer erklärender Hinweis: Die nachfolgende Geschichte sowie die handelnden Personen, sind frei erfunden. Entstehende Ähnlichkeiten sind rein zufällig.

Der *Zufall* und sein kleiner Bruder *zufällig.* Zwei Wörter unserer Sprachfamilie, die wir selbstverständlich auch im Duden finden. Ihrer Bedeutung nach beschreiben sie etwas, das man nicht vorausausgesehen hat, das völlig unerwartet eingetreten ist.

Sieht man sich in den Sprachen dieser Welt um, stellt man überraschend fest, dass es dort vergleichbarere Wörter für den *Zufall* oder für *zufällig* nicht gibt. Waren die Anderen etwa zu nachlässig, zu schlampig, dass sie diese Wörter nicht in ihren Sprachschatz aufgenommen haben? Oder ist es vielleicht eher so, dass unsere Sprache weniger klar und eindeutig ist, dass wir uns mit diesen Wörtern an der einen oder anderen Stelle behelfen müssen?

Die Wissenschaftler kennen den Zufall nicht, da in ihrer Forschung alles sinnvoll ineinandergreift, keine Wirkung ohne Ursache ist und umgekehrt. Sie waren es also nicht, die uns dieses Wort beschert haben. Und die Ökonomen, die Finanzexperten, die nicht nur unsere, sondern die gesamte Weltwirtschaft analysieren und mit ihren Entscheidungen steuernd eingreifen? Bei denen ist der *Zufall* so abwegig, wie deren Empfehlung, das Geld auf einem Postsparbuch anzulegen. Damit steht fest, dass auch sie es nicht gewesen sein können.

Wenn wir uns der Ethik, der Moral, dem Glauben zuwenden, dann wird klar, dass jeder gläubige Mensch, sei er nun Christ, Moslem, Jude, Buddhist oder Hinduist, so er denn fest zu seinem Glauben steht, alle Dinge, die geschehen, selbst die Rückschläge, die er erleidet, mit dem eigenen Schicksal verbindet. In seiner Welt liegt alles allein in Gottes, Jahwehs, Allahs oder Buddhas Hand. Auch hier geschieht nichts zufällig.

Aber wem, in aller Welt, haben wir diese beiden Wörter *Zufall* und *zufällig* dann zu verdanken? Folgt man der aufgezeigten Logik, ist das Ergebnis eher unbefriedigend. Es war allem Anschein nach ein Atheist, der – nicht unbedingt von strebsamer Natur – als Grund für sein wiederholtes Scheitern den Zufall erfand.

Vielleicht ist aber die folgende Vorstellung charmanter. Es waren die Autoren und Schriftsteller, die in ihren fantasievoll verwobenen Erzählungen selbst Erlebtes, selbst Erfahrenes wie zufällig mit der Fiktion verknüpften. Denn nur das überzeugt, wird glaubhaft und ist nachvollziehbar, was man selbst erfahren, selbst durchlebt hat. Für sie ist nur wichtig, dass ihre Geschichten den Leser berühren, emotional auf eine Reise mitnehmen. Ein möglicher Streit, ob es diese oder jene Situation tatsächlich so gegeben hat oder ob die eine oder andere reale Figur sich in der Geschichte wiederzuerkennen glaubt, ist für sie nicht bedeutsam.

An dieser Stelle sollte es der Zufall nicht wollen, dass Sie sich jetzt zufällig einer anderen Aufgabe im Haus zuwenden müssen. Bleiben Sie einfach konsequent und lesen Sie entspannt weiter. Tauchen Sie ein in die nun folgenden Geschichten, bleiben Sie neugierig und begegnen Sie unvoreingenommen den Figuren und Ereignissen, auf die Sie hier nicht unzufällig treffen werden.

Wiedersehen ohne Rückkehr

Über der alten Dorfstraße von Berkholz wölbt sich ein blauer, fast wolkenloser Himmel. So wie diese Sonnenstrahlen eines Oktobertags die Illusion des Sommers aufleben lassen, so wenig ist das schwache, aber deutlich wahrnehmbare, ferne, dumpfe Grollen das Anzeichen eines heraufziehenden Gewitters. Es ist vielmehr der Geschützdonner der noch weit entfernten Ostfront im Frühherbst 1944. Meine Mutter steht gemeinsam mit einigen Dorfbewohnern auf dem Gutshof und sucht den Himmel nach Maschinen der deutschen Luftwaffe ab, die in Richtung Kampflinie fliegen. Warum sind wir hier? Warum sind wir nicht zuhause in Berlin?

Seit 1940 fliegen die Alliierten, Amerikaner und Briten, regelmäßig Luftangriffe auf die Hauptstadt von Nazideutschland. Fast jede Nacht, wenn die Luftschutzsirenen aufheulen, reißt mich meine Mutter, getrieben von Angst und Sorge, aus meinem Kinderbett, kleidet mich an und hetzt mit mir zu einem der nahe gelegenen Luftschutzräume.

Nicht sicher ist, von welchem Moment an, diese traumatischen Kriegsereignisse zu unauslöschlichen Erinnerungen werden, die mich – wie mein eigener Schatten – ein Leben lang begleiten werden.

Auf dem Weg zum Schutzraum kann ich die Lichtsäulen der Flugabwehr sehen, die den pechschwarzen Himmel über Berlin nach feindlichen Bombern absuchen. Wir rennen – gemeinsam mit vielen anderen verängstigten Menschen – an Häusern vorüber, deren eine Hälfte nur noch aus einem qualmenden Trümmerhaufen besteht, während aus der anderen gewaltige Flammen lichterloh emporschlagen.

Wenn wir in Köpenick bei meinen Großeltern sind, ist der Weg nach unten in den Luftschutzkeller deutlich kürzer. Die Bilder der Zerstörung – sie tauchen selbst heute, nach über siebzig Jahren, wie aus dem Nichts auf, kehren bei jedem unerwarteten Knall, bei jeder Explosion ungebremst zurück. Diese täglichen Belastungen, aber auch die Sorge um seine Familie, hatte meinen Vater, der zu dieser Zeit im Reichsluftfahrtministerium arbeitete, bewogen, Frau und Kind nach Berkholz evakuieren zulassen. Und so fanden wir uns zu Beginn des Jahres 1944 in diesem kleinen Dorf – irgendwo zwischen Schwedt und Angermünde wieder.

Als ich einige Jahre nach dem Ende des Krieges hin und wieder über das Erlebte, den Rückblick auf diese sehr frühe Phase meiner Kindheit, sprach, erntete ich in meiner Familie nur Kopfschütteln, verständnislose Blicke und zweifelnde Kommentare: „Der Junge hat ja eine blühende Fantasie ... Wie sollte sich ein Kind mit drei Jahren an solche Einzelheiten erinnern können?"

Nachdem dann weitere fünfzig Jahre vergangen waren, ist mir die Bestätigung meiner kindlichen Erinnerungen – für mich selbst aber auch gegenüber meiner Familie – unerwartet überzeugend gelungen ... Doch dazu später.

Jenes Berkholz, in dem wir damals landeten, war ein kleines verschlafenes Dorf, in dem zu dieser Zeit vom Kriegsgeschehen noch nichts zu spüren war. Es wird 1354 erstmals urkundlich unter dem Namen *Bergholt* erwähnt und ist nach einem in der Nähe gelegenen Birkengehölz benannt. Für seine Bewohner gab es nur drei bedeutsame Orte: die alte Dorfkirche mit dem Friedhof, der Gasthof, in dem man sich sonntags nach dem Kirchgang zum Frühschoppen oder zu den Feiern einiger Dorffeste traf, und der Gutshof. Letzterer bestand aus einem imposanten, herrschaftlichen Gutshaus, in dem die Familie des Besitzers lebte. Unmittelbar daneben schloss sich der rechtekkige, von Mauern umschlossene Bereich des Vierseithofes an. Betrat man diesen durch das große Tor, erstreckten sich linker Hand die kleinen Katen der Landarbeiter. Die Gebäude zu den beiden Längsseiten des Hofes sowie an dessen Stirnseite, beherbergten Stallungen, Remisen und Scheunen.

Meine Mutter und ich zogen in das erste kleine Häuschen – gleich links neben dem Eingangstor. Der Fußboden der Hütte lag auf dem Niveau des Hofplatzes und war nur durch eine Schwelle von ihm getrennt. Es gab zwei Räume. Einer zum Wohnen, Kochen und Schlafen, und eine Toilette. Da ein Keller fehlte, mussten Brennholz und Kohlen in einer Ecke des Wohnraums gelagert werden. Dieser eigenartige Geruch aus Holz, Kohlen und kalter Asche hat mich noch über viele Jahre begleitet.

Von all den Kindern, die auf diesem Gut lebten, war ich offensichtlich das Jüngste. Das war gewiss auch der Grund, warum sich viele *Erwachsene,* vom Gutsverwalter bis zu den Mägden und Stallknechten, aufmerksam um mich kümmerten. Für meine Mutter eine große Hilfe, war sie doch in alle auf Hof und Acker anfallenden Arbeiten eingebunden.

Morgens war es ein ganz besonderes Vergnügen, wenn mich der *Milchmann* zu sich auf den Kutschbock hob und es anschließend mit den vollen Milchkannen zur Meierei nach Schwedt ging. Kamen wir zurück und es wurde ausgespannt, blieb ich dem Kutscher so lange auf den Fersen, bis der Wagen wieder in der Remise und die beiden Pferde im Stall standen.

Jene Ställe wurden in dieser Zeit tatsächlich mein zweites Zuhause, denn meine Mutter arbeitete für den Gutsherren entweder auf dem Feld oder in irgendeiner Werkstätte des Gutes. Die kleine Kate mit ihrem belastenden Geruch mied ich, wann immer es mir möglich war. Die *heile Welt* aus der Sicht eines dreijährigen Knirpses fand ich bei den Mägden und Knechten in den Kuh-, Pferde- oder Schweineställen. Hätte meine Mutter geahnt, dass ihr *Jüngster* in den Stallungen zwischen den Beinen der riesigen Kühe und Pferde – in meinem Alter war alles riesig, was ich nur mit zurückgelegtem Kopf so halbwegs betrachten konnte – herumwuselte, wäre sie wohl in Ohnmacht gefallen.

Wahrscheinlich haben die gewaltigen Tiere den Winzling, der dort unten um sie herumlief nicht so ganz ernst genommen. Vielleicht haben sie aber auch die Liebe und Zuneigung gespürt, die ihnen dieser kleine Kerl entgegenbrachte. Ich war überall dort, wo es nach meiner Meinung etwas zu sehen und zu erleben gab.

Ein Vorfall hat lange Zeit sehr zwiespältige Gefühle in mir ausgelöst. Als ich mich eines Morgens mal wieder an die Fersen des Gutsverwalters heftete – wahrscheinlich hoffte ich, er würde ausreiten und mich dann, wie er es schon einige Male getan hatte, zu sich vorne auf den Sattel setzen – landeten wir unerwartet im Kuhstall. Oberhalb der Stalltür war ein Taubenschlag. Der Verwalter griff sich einen der Melkschemel, stieg hinauf und schnappte sich mit geübtem Griff eine der dort oben sitzenden Tauben. Als wir den Stall verließen – unmittelbar daneben war ein Misthaufen –, packte er blitzschnell den Kopf des Vogels, drehte diesen mit einem kurzen Zack und warf ihn anschließend auf den Mist. „Tja mein Kleiner ... So ein Täubchen ist etwas ganz Leckeres. Das bringe ich jetzt in die Küche." Damit nickte er mir lächelnd zu und ließ mich leicht verstört zurück. Es war das erste und Gott sei Dank auch das letzte Mal, dass ich mit ansah, wie ein Leben in Bruchteilen von Sekunden ausgelöscht wurde.

Tage, Wochen und Monate vergingen. Kein Fliegeralarm, keine nächtliche Flucht vor fallenden Bomben, keine brennenden Häuser. Keine Luftschutzräume, in denen furchtsame Menschen kauerten, die bei jedem Bombeneinschlag zusammenzuckten oder angstvoll aufschrien. Eine, aus meiner kindlichen Sicht, sorglose und entspannte Zeit.

Das änderte sich schlagartig an einem schönen Herbsttag im Jahre 1944. Ich stromerte wie immer auf dem Gutshof herum, beobachtete das alltägliche Leben und Treiben dort. Meine Mutter war zu dieser Tageszeit mit einigen anderen Frauen auf dem Feld.

Als es plötzlich auf der alten Dorfstraße ungewöhnlich laut wurde, liefen alle Erwachsenen durch das Hoftor nach draußen. Selbst die Familie des Gutsbesitzers stand oben auf den Stufen des Herrenhauses. Neugierig wie ich nun einmal war, rannte ich den anderen hinterher. Das, was ich jetzt sah, hatte ich zuvor noch nie gesehen. Männer in Uniformen mit Gewehren über den Schultern. Viele humpelten, gingen an Krücken, waren verletzt – ihre Verbände schmutzig, blutdurchtränkt. Motorradfahrer, Lastwagen und Fahrzeuge, deren Bedeutung ich noch nicht kannte.

„Mensch, die haben ja sogar Geschütze dabei." Zwei ältere Männer neben mir schüttelten ungläubig ihre Köpfe. Einige Frauen aus dem Dorf liefen auf die *Soldaten* zu – das Wort hörte ich in jenem Moment zum ersten Mal – und versorgten sie mit belegten Broten, gaben ihnen etwas zum Trinken. Es war der Anfang vom Ende – für uns hier in dem kleinen, verschlafenen Berkholz. Nur wenig später hatten meine Eltern entschieden, dass es hier für uns nicht mehr sicher sei. Wir verließen das Dorf und kehrten zurück nach Berlin.

Als am 9. November 1989 in Berlin die Mauer fiel, die Grenze zwischen Ost und West verschwand, dauerte es nicht lange, bis mich die Schatten jener fast in Vergessenheit geratenen Zeit in Berkholz, einholten. Es sollten aber doch drei weitere Jahre vergehen, bis ich mich endlich auf die Suche nach meiner – sie erinnern sich – *zweifelhaften* Vergangenheit begab.

Als ich mich an einem sonnigen Tag im Spätherbst auf den Weg machte, begleitete mich meine Frau. Nicht, weil sie mir meine Kindheitsberichte nicht geglaubt hätte. Zweifellos spürte auch sie ein wenig Unsicherheit, wenn sie daran dachte, was ihr aus jener Zeit als Dreijährige noch in Erinnerung geblieben war.

Über die A 11 ging es bis zur Abfahrt Johannisthal und dann auf der B 198, später B 82, in Richtung Angermünde.

Der Landstraße folgend, erreichten wir nach etwas mehr als zwei Stunden Berkholz-Meyenburg. Als wir in den Ort hineinfuhren, war der Anblick für mich ein kleiner Schock. Hier gab es keine alte Dorfstraße, keine Kirche, keinen Gutshof – hier standen auf den ersten Blick nur neue Häuser. „Das kann doch nicht wahr sein ... Das ist doch niemals das Dorf Berkholz." Ich war völlig ratlos. Auch meine Frau blickte mich leicht irritiert an. Kurz entschlossen parkte ich den Wagen am Straßenrand vor einer Bäckerei.

Hinter dem Verkaufstresen eine rundliche Fachverkäuferin, in den Auslagen allerlei Backwerk. Unzählige kleine braune Löckchen, darunter eine Brille samt freundlichem Gesicht. Ihr erwartungsvoller Blick ließ nur eine Deutung zu: „Was soll's denn sein? Kuchen, Brot oder Brötchen?" Ich druckste ein wenig unsicher herum. „Verzeihen Sie bitte ... ich hab' da mal ‚ne Frage." Meine Kindheitserinnerungen, die Realität im Hier und Jetzt ... Alles wirbelte durch meinen Kopf. Ich sortierte erfolglos, es war eine kleine Pause entstanden. „Na – watt woll'n Se denn wissen, junger Mann?" Sie blickte mich über ihre Brillen hinweg aufmunternd an. „Sagen Sie bitte – gibt es hier in der Nähe vielleicht noch einen anderen Ort, der auch Berkholz heißt?" Die Kuchenfee strahlte mich an: „Aber sicher. Der hier ist erst lange nach dem Krieg entstanden. Wenn Se aber zwee drei Kilometer auf der Straße weiterfahr'n ... dann komm Se in ditt alte Berkholz. Könn Se überhaupt nicht verfehlen."

Ich spürte ein wenig Erleichterung. Vielleicht gab es ja doch noch eine Chance für mich und meine Bilder aus den Kindertagen, die niemals Ruhe gegeben und mich zu guter Letzt hierher geführt hatten. Ich verabschiedete mich etwas entspannter, als ich den Laden betreten hatte und ging wieder zum Auto. „Das ist der falsche Ort. Das richtige Berkholz soll zwei, drei Kilometer weiter liegen", berichtete ich meiner Frau.

Kurz darauf passierten wir ein zerbeultes Ortschild, der Name *Berkholz* war dennoch gut lesbar. Unser Auto rumpelte über das Kopfsteinpflaster einer alten Dorfstraße. Ich sah kleine, einfache Häuschen, die sich entlang der Straße duckten. So geduckt und gebeugt, wie ihre Bewohner damals, die über Generationen hinweg hier auf den Feldern geschuftet und in diesen bescheidenen Bauernkaten ihr kärgliches Leben verbracht hatten. Ich wusste sofort – ich war angekommen.

Von jenem Moment an, als wir unseren Wagen geparkt hatten und ich aus dem Auto stieg, war ich plötzlich wie in meiner ganz eigenen Welt. Mit traumwandlerischer Sicherheit fand ich den Weg zur alten Dorfkirche. Da ich sie schon damals nicht von innen gesehen hatte, zog es mich auch jetzt nicht dorthin. Wir gingen langsam durch die Reihen der Gräber. Immer wieder blieb ich stehen, blickte auf jeden Grabstein, suchte nach Namen, die vielleicht zu meiner Erinnerung hätten passen können – ich fand keinen.

Danach ging es genauso zielsicher zum Gutshof. Das alte Herrenhaus hatte den Krieg nahezu unbeschadet überstanden. Über die große Freitreppe, auf der ich damals an einem sonnigen Herbsttag im Jahr 1944 die Familie des Gutsbesitzers hatte stehen sehen, gelangte man jetzt in das *Kulturzentrum* des Ortes.

Und da waren sie. Die langen Flure, die gewaltigen Eichentüren mit ihren kunstvollen Beschlägen und Klinken. Alles real, keine Einbildung eines kleinen Jungen. Das Hoftor zum ehemaligen Gutshof war hingegen verschwunden. Die Randbebauung des Hofes schien jedoch unverändert. Erst beim genauen Hinschauen wurde klar, aus den Katen, links neben dem verschwundenen Tor, den Stallungen und Wirtschaftsgebäuden waren in den zurückliegenden Jahren Wohnungen entstanden. Der Komplex insgesamt entsprach jedoch haargenau dem Bild aus meinen Kindertagen.

Der gesamte Weg, hin zur Kirche und weiter zum Gut, war für mich zu einer Begegnung mit jenen dunklen Schatten, zu einer Reise durch meine so hartnäckig nach Bestätigung suchenden Erinnerungen geworden. Meine Frau hat mir diese Phase später so beschrieben, dass ich zwar auf all ihre Fragen logisch geantwortet habe, sie aber den Eindruck gewonnen hätte, ich sei in diesem Moment ganz allein unterwegs.

Im Gegensatz zu damals waren die Dorfstraße, der Gutshof menschenleer, kein Rufen, kein Pferdegetrappel, kein Geklapper von Milchkannen. Alles wirkte wie ausgestorben. Langsam ging ich über den Hof, blieb hier und da gedankenversunken vor einem Haus stehen, das ehemals ein Kuh- oder Pferdestall, eine Wagenremise gewesen war.

Meine Gefühle schwankten zwischen der Freude, dass all meine Erinnerungen sich als zutreffend erwiesen hatten, und einer Mischung aus Traurigkeit und Wehmut. Für einen Moment spürte ich noch einmal das pulsierende Leben, hörte die Stallgeräusche, sog die Gerüche ein, die zu diesem Ort gehört hatten – so wie das alte Kopfsteinpflaster, auf dem ich nun nach Jahrzehnten wieder stand.

Wir haben an diesem Tag viele Fotos gemacht. Als ich später mit großer Freude meiner Mutter die Bilder zeigte, auch in der Erwartung, sie würde beim Betrachten meine eigenen Erinnerungen an Berkholz ergänzen, noch weiter vertiefen, sah ich mich getäuscht. Sie erkannt *nichts* wieder. Die Zeit in diesem Dorf schien bei ihr wie ausgelöscht.

Ich habe mich in einer meiner Kurzgeschichte mit dem Phänomen der *Weißen Flecke* in den Biografien der Menschen beschäftigt. Das Ausblenden, das Vergessen von Lebensabschnitten, die durch traumatische Kriegserlebnisse geprägt wurden. Für meine Mutter war die Zeit in Berkholz einer dieser *Weißen Flecke.* Warum das so war ... Sie hat mit mir – wie über so vieles andere aus dieser Zeit – leider nie gesprochen.

Alben mit alten, vergilbten Familienfotos üben auf Kinder eine besondere Anziehungskraft aus. So war das jedenfalls bei mir. Wann immer ich meine Großeltern in Köpenick besuchte, dauerte es nicht lange, bis ich mich ins Wohnzimmer verzog. Auf das gemütliche Sofa, gleich neben der Anrichte mit den kleinen Porzellanfigürchen. Zum wiederholten Mal kramte ich dann das alte Fotoalbum meiner Großeltern hervor, um in den fotografischen Erinnerungen von Oma und Opa zu stöbern.

Blickt man auf ein Foto, sind für den Betrachter zwei Dinge von Bedeutung. Ist der Person, die den Schnappschuss gemacht hat, eine gute Komposition gelungen. Bilden Vorder- und Hintergrund ein harmonisches Ganzes, ist all das, was eingefangen werden sollte, auch scharf abgebildet.

Der zweite Aspekt beim Anschauen ist der Bedeutendere. Eine Fotografie bildet stets nur diesen einen Moment, die eine Situation ab, die stets in der Vergangenheit liegt. Mit ihr soll an die Mitglieder der Familie oder an besondere Anlässe des Beisammenseins erinnert werden. Dabei ist egal, ob es ein Anlass der Freude oder der Traurigkeit gewesen ist.

Wir sehen das Bild und werden zurückgeführt auch zu jenen Ereignissen, die vor und nach dieser Aufnahme stattgefunden haben. Aus dem einen Bild entsteht in unserem Kopf ein ganzer Film. Im Gegensatz zum Foto zeigt der Film eine bestimmte Lebensphase in bewegten Bildern, die, je nach Kameraeinstellung, Nähe und Weite gleichermaßen einfangen.

In meiner kindlichen Fantasie geschah es deshalb nicht selten, dass – wann immer ich das alte Album in den Händen hielt – stets neue Geschichten entstanden. Wo wurde das Foto gemacht? Sehen *sie* oder *er* glücklich oder vielleicht doch eher traurig aus? Und wenn ja – warum? Was könnte wenige Minuten zuvor passiert sein oder war es schon vor mehreren Stunden geschehen?

Nüchtern betrachtet, waren jene abgelichteten Motive weit weniger geheimnisumwoben, als es mir mein kindliches Gemüt insgeheim vorgaukelte.

Im Gegensatz zu heute, da viele Menschen – selbst in den banalsten Situationen – zum Smartphone greifen, Bilder im Sekundentakt *schießen* und diese genauso schnell in den sozialen Netzwerken verbreiten, entstand zu Beginn des 19. Jahrhunderts keine Fotografie spontan. Der Apparat musste sorgsam aufgebaut, die zu Fotografierenden dem Anlass entsprechend arrangiert werden. Die Taufe meiner Mutter, die Hochzeit meiner Eltern und Großeltern – Gruppenfotos, die alle nach den Vorstellungen jener Zeit, in der sie entstanden, perfekt durchkomponiert worden waren.

Ich gebe zu, diese Seiten habe ich – je öfter ich das Album in den Händen hielt – sehr zügig überblättert. Es gab jedoch ein Bild, das mich – egal wie oft ich es mir schon angeschaut hatte – ganz besonders beeindruckte. Es zeigt meinen Großvater – der Erste Weltkrieg war soeben ausgebrochen – in der Uniform eines Grenadiers. Er hatte kurz zuvor seinen Marschbefehl an die Westfront erhalten.

Als ich vor diesem Album saß, waren der Erste und der Zweite Weltkrieg bereits Geschichte. Was diese beiden Kriege den Menschen angetan hatten, ist so entsetzlich und grausam, dass wir es niemals vergessen und hoffentlich nie wieder erleben werden. Dieses blutige Gemetzel, besonders jene Abnutzungsschlachten des Ersten Weltkriegs, in denen um jeden Schützengraben, um jede kleine Anhöhe unbarmherzig gekämpft und qualvoll gestorben wurde.

Mein Großvater hat all das Grauen in den Schlachten an der Somme und bei Verdun miterlebt und durchlitten. Ob er im Moment, als jenes Foto entstand, auch nur die leiseste Ahnung hatte, was ihn demnächst erwarten würde? Das Bild ließ einige Deutungen zu, Gewissheit fand ich jedoch nicht.

Auch die Fotos auf den folgenden Seiten zogen mich jedes Mal von Neuem in ihren Bann. Sie gewährten mir einen kleinen Einblick in das Leben meiner Ur-Großmutter Müller. Ich habe sie leider nie kennengelernt, da sie ein paar Monate vor meiner Geburt gestorben ist.

Zehn Kindern hat sie meinem Ur-Großvater geschenkt – fünf Mädchen und fünf Jungs. Aus meiner kindlichen Sicht, ragte ein Bruder ganz besonders heraus: Onkel Hugo.

Er war in den Zwanzigerjahren Radprofi, Schrittmacher, geworden. Er nahm gemeinsam mit berühmten Stehern – das sind jene Radrennfahrer, die im Windschatten des Motorrades fahren – an bedeutenden, internationalen Rennen teil. Ich erinnere mich an ein Bild, auf dem er in seiner Ledermontur auf diesem gewaltigen Motorrad mehr steht als sitzt und mit seinem Rennfahrer ein gegnerisches Gespann in einer Steilkurve überholt. Auf dem zweiten Foto trugen er und sein Partner Siegerkränze um den Hals.

Ende der Zwanzigerjahre ist Hugo nach meiner Erinnerung bei einem Rennen in Belgien von einem anderen Gespann in einer Steilkurve unfair über die Bahn hinausgedrängt und schwer verletzt worden. Nach seiner Genesung hat er der Radrennbahn für immer den Rücken gekehrt.

Er hatte in seiner aktiven Schrittmacherkarriere so viel Geld verdient, dass er einige Zeit später in Berlin – in der Nähe des Fehrbelliner Platzes – ein Restaurant eröffnen konnte. Dort trafen sich – neben vielen bekannten Sportlern – auch Schauspieler und andere Prominente der Stadt.

Während Hugo zu einem populären, vermögenden Sport-Ass aufstieg, war Herbert, der jüngste Bruder meiner Großmutter, Justizwachmeister geworden und arbeitete in einem Berliner Gefängnis Bei jedem Besuch drängte ich meine beiden Onkel, mir von aufregenden Erlebnissen aus ihrem beruflichen Alltag zu erzählen.

Hugo musste sich bei seinen Berichten über die Steherrennen nicht besonders anstrengen – die Sportereignisse sprachen für sich. Sein Bruder Herbert hingegen war ein begnadeter Schauspieler und Entertainer. Gab er ein paar Episoden von den Gerichtsprozessen oder aus dem Gefängnisalltag zum Besten, war für alle Anwesenden der Abend gerettet. Wenn er dann zu vorgerückter Stunde Adolf Hitler oder Josef Göbbels überzeugend parodierte, war die Stimmung am Anschlag.

Bei all den Unterschieden dieser beiden Brüder, so waren sie sich jedoch in einer Sache völlig einig. Doch dazu etwas später.

Als Künstler und Sportler sich mehr und mehr aus seinem Restaurant zurückzogen, weil zunehmend SS-Offiziere und Nazi-Größen Gefallen an Onkel Hugos Lokal fanden, verkaufte er es.

Nach dem Ende des Krieges erwarb er nahe dem kleinen Dorf Schöneiche zwei Häuser, die mitten im Wald lagen. Sein Nachbar war Walter Sawall, der ehemalige Steherweltmeister. Ich kann mich noch sehr gut an die Gespräche der beiden Ex-Radsportler erinnern, weil ich oft in den Schulferien einige Zeit im Haus meines Onkels verbracht habe.

Es war an einem jener Besuchsnachmittage. Ich streifte mal wieder neugierig über das weitläufige Waldgrundstück. Als ich bei dem im hinteren Teil gelegenen Geräteschuppen ankam, überraschte ich meine beiden Onkel.

Sie waren soeben dabei, sich mit Hilfe von Larven, Kopftüchern und alten Kutten als Waldhexen zu verkleiden. Sie feixten wie zwei Jungs, die man beim heimlichen Rauchen erwischt hatte. Unter großem Gelächter erzählten sie mir, dass sie in dieser furchteinflößenden Maskerade hin und wieder in den Wald gingen, um Spaziergänger – meistens waren es die Frauen aus dem Dorf – zu erschrecken.

Die beiden wussten inzwischen sehr genau, wo die Dorfbewohnerinnen in den Wald hineingingen, um Beeren oder Pilze zu sammeln. Der Plan meiner beiden Onkel war zwar schlicht, aber über die Länge der Zeit perfektioniert worden.

Eine der beiden *Hexen* versteckte sich etwas tiefer im Wald, lauerte dort den ahnungslosen Sammlerinnen auf. Die *Hexe* hockte sich in deren Nähe auf einen Baumstumpf und begann Reisigzweige laut knackend zu brechen. Es dauerte nicht lange und die Frauen gingen, inzwischen neugierig geworden, dem Geräusch nach. Wenn sie dann plötzlich meinen grauslich verkleideten Onkel erblickten, flohen sie voller Entsetzen zurück in Richtung Waldrand. In diesem Bereich hatte inzwischen der andere Onkel, ebenfalls als schaurige Hexe verkleidet, Stellung bezogen.

Auf ihrer Flucht vor der einen *Hexe* liefen die Frauen der zweiten fast in die Arme. Wenn sie dann kreischend aus dem Wald rannten, freuten sich die beiden Brüder über ihren gelungenen *Hexenklamauk* wie zwei kleine Schuljungen. Lange blieb dieser Schabernack unentdeckt, da Ehemänner und andere Familienangehörige den armen Frauen nicht glauben wollten, dass ihnen im Wald zwei *Hexen* begegnet seien.

Aber – Schöneiche ist ein kleines Dorf. Man trifft sich bei den unterschiedlichsten Anlässen. Als die Frauen schließlich damit begannen, sich miteinander über ihre schauerlichen *Walderlebnisse* zu unterhalten, begriffen endlich auch deren Freunde und Ehemänner, dass diese beiden *Hexen* wohl doch keine Hirngespinste ihrer Angetrauten waren.

Von nun an begleiteten sie ihre Frauen bei der Beeren- und Pilzsuche. Meine beiden Onkel sahen schnell ein, dass es unter diesen Umständen wohl besser sei, ihre Kostüme und Larven endgültig in dem Schuppen einzumotten. Die *Waldhexen* sind seitdem wie vom Erdboden verschwunden und sie kehrten auch nie wieder nach Schöneiche zurück.

Ein Tag im Juni

Es war wie an jedem Morgen. Mein Vater, er war ein sogenannter *Grenzgänger,* verließ stets kurz nach sieben Uhr unsere Wohnung im Zeilerweg. Sein Arbeitsplatz lag in West-Berlin, genauer gesagt in der Kreuzberger Bergmannstraße. Ich sah ihn in diesen frühen Morgenstunden oft nur für wenige Minuten. Während ich soeben aus dem Bad kam, stand er meist abmarschbereit in der Diele. Ein kurzer Morgengruß, gleichbedeutend mit seinem Abschied für viele Stunden. Irgendwann – so zwischen 17 und 18 Uhr – würde er wieder von seiner Arbeit als Fernmeldetechniker bei der Deutschen Bundespost zu uns nach Pankow zurückkehren.

Meine Mutter werkelte schon seit den frühen Morgenstunden in der Küche, denn sie musste wie immer ihre *beiden Männer* mit dem Frühstück versorgen. Die morgendliche Begrüßung mit ihr war inniger – nicht so distanziert wie die mit meinem Vater.

Ich hatte bereits am Vorabend meine Schultasche für den heutigen Unterricht gepackt. Das Einzige, was noch fehlte, war meine Büchse mit dem Pausenbrot. Nach der obligatorischen Marmeladenstulle und einem Glas Milch wurde es dann auch Zeit für mich. Mein Weg zur Wilhelm-Pieck-Schule in der Kissinggen-Straße war nicht lang – zehn Minuten gemütlich, fünf Minuten im Sprint, sollte es einmal eng werden.

Es war Mitte Juni, aber von sommerlichen Temperaturen war heute nichts zu spüren. Bei den vielen Wolken hatte *Clärchen* keine Chance. Als es auf der Hälfte des Schulwegs auch noch zu nieseln anfing, legten mein Klassenkumpel

Bodo und ich für die letzte Etappe einen gepflegten Endspurt hin.

In der Großen Pause hatte es zwar aufgehört zu regnen, den Sommer hingegen, schien das kaum zu motivieren – es war nach wie vor ungemütlich. Von der Tristesse dieses Tages hatten sich offensichtlich alle ein wenig anstecken lassen. Der Unterricht verlief zäh, und alle waren erleichtert, als endlich die Klingel anschlug und das Ende des heutigen Schultages verkündete.

Als ich nach Hause kam und an der Wohnungstür klingelte, dauerte es eine gefühlte Ewigkeit, bis meine Mutter öffnete. Nach einer kurzen, hastigen Begrüßung, die eher der meines Vaters glich, verschwand sie nicht wie gewohnt in der Küche, sondern lief sofort ins Wohnzimmer. Dort setzte sie sich ganz dicht vor unseren Radioapparat.

Wer in diesen Tagen in Ost-Berlin den *RIAS* hören wollte, der musste ähnlich vorsichtig sein, wie jene Menschen, die in der letzten Phase des Zweiten Weltkrieges den Sendungen der BBC lauschten. Damals erhoffte man sich einen halbwegs realistischen Lagebericht zum Kriegsgeschehen, heute sehnte man sich nach einem halbwegs objektiven Kommentar zum politischen Weltgeschehen.

Es lag also keineswegs am eingeschränkten Hörvermögen meiner Mutter, dass sie so dicht an das Gerät heranrückte, sondern es war vielmehr Ausdruck ihrer Furcht, unser Nachbar könnte etwas von dieser Radiosendung mitbekommen.

Der *liebe Nachbar*, ein sogenannter *1000-Prozentiger*, hielt uns, die Familie eines *Grenzgängers mit West-Kontakten,* für grundsätzlich verdächtig. Vermutlich war es dem

Mann nach dem Ende des Zweiten Weltkriegs gelungen, erfolgreich die Seiten zu wechseln. Noch vor wenigen Jahren *kackbraun,* überwachte er jetzt erneut, nun allerdings *knallrot,* in der ihm vertrauten Manier eines Blockwartes seine Mitbewohner.

Vermutlich hatten meine Eltern ihm auch die gelegentlichen Besuche jener mausgrau gewandeten Herren der Staatssicherheit zu verdanken. Galt es doch meinen Vater nachdrücklich davon zu überzeugen, dass sein Arbeitsplatz zeitnah in einem volkseigenen Betrieb der DDR und nicht in West-Berlin liegen sollte.

Auch ich spürte täglich – das galt besonders für ein, zwei meiner Lehrer –, dass ich, das *Grenzgänger-Kind,* in dieser Schule absolut unerwünscht war. Das dachten sie nicht nur – sie sagten es auch – laut und unmissverständlich vor all meinen Klassenkammeraden.

Mein Verhalten in der einen oder anderen Situation, meine gelegentlichen Äußerungen, das alles seien eindeutig Charakterzüge eines *West-Berliner Flegels.*

Mit meinen zwölf Jahren lernte ich leider viel zu schnell, dass selbstständiges Denken und das Stellen kritischer Fragen nicht nur unerwünscht waren, sondern auch gefährlich werden könnte.

In diesem Moment lag es jedoch nicht an der fehlenden Lautstärke des Radios, dass ich nichts von jenem Bericht verstand, den meine Mutter ganz offensichtlich so stark in den Bann zog. Etwas ratlos zog ich mich in die Küche zurück und setzte mich dort an den Tisch, wo ich vor einigen Stunden gefrühstückt hatte. Vor mir lag meine Schultasche mit meinen Büchern, den Heften und, irgendwo mittendrin, den neuen Hausaufgaben.

Da nicht der Tisch hier in der Küche, sondern der im Wohnzimmer mein Arbeitsplatz für das Erledigen dieser Aufgaben war, blickte ich nicht nur ein wenig ratlos, sondern ziemlich unmotiviert auf die Mappe vor mir.

Nachdem ich einige Minuten so teilnahmslos vor mich hinstarrend dagesessen hatte, kam meine Mutter nachdenklich und, das war jedenfalls mein Eindruck, innerlich erregt in die Küche zurück.

Nach ihrer ungewöhnlich flüchtigen Begrüßung bei meiner Heimkehr folgte jetzt die nächste Überraschung. Wenn ich geglaubt hatte, nun würde der übliche Fragenkatalog – *Wie war es in der Schule? Hast du dich auch am Unterricht beteiligt? Was habt ihr heute aufbekommen?* – abgearbeitet werden, dann sah ich mich erneut getäuscht. Hinter jener Nachrichtensendung des *RIAS* schien das alltägliche Interesse an meinem *Schulle*ben deutlich zu verblassen.

Statt der ausgebliebenen Fragen erfuhr ich nun, dass alle Bauarbeiter in der Stalin-Allee ihre Arbeit niedergelegt und sich zu Demonstrationszügen zusammengeschlossen hatten. Der Vorsitzende des DGB, Ernst Scharnowski, habe in seiner Rede im *RIAS* dazu aufgerufen, die Werktätigen in Ost-Berlin zu unterstützen und sich mit ihnen im Streik zu solidarisieren.

Ich war mit dieser Nachricht politisch völlig überfordert, denn ich hatte keine Ahnung, wer oder was der DGB war, noch sagte mir der Name jenes Mannes etwas. „Denk mal nach – Vati ist doch auch in der Gewerkschaft. Der müsste ja dann eigentlich auch streiken“, klärte mich meine Mutter auf.

Das Gespräch mit ihr hinterließ in diesem Moment bei mir keinen nachhaltigen Eindruck. Wen interessierte schon

Ernst Scharnowski, und ob irgendjemand streikte erst recht nicht. Ich hatte meine Hausaufgaben zu machen, wollte möglichst schnell hinaus, um mit meinen Freuden Fußball zu spielen. Als ich eine Stunde später meine Kumpels auf dem Bolzplatz im Hof traf, war nach wenigen Minuten offenkundig, dass nicht nur meine Mutter den Bericht im *RIAS* gehört hatte. Zwei aus unserer Fußball-Clique waren deutlich älter als ich. Sie waren wie ich nicht bei den *Jungen Pionieren.* Und auch in deren Familien, das wusste ich sehr genau, wurde wie bei uns der *Rundfunksender des imperialistischen Klassenfeindes* gehört.

Die beiden erklärten uns *Kleinen*, dass diese Demonstrationen in der Stalin-Allee mit Sicherheit der Beginn einer Revolution seien, an deren Ende Pankow, unser Bezirk, – davon waren die beiden absolut überzeugt – zu West-Berlin gehören würde. Von diesem Augenblick an sah auch ich jenen Ernst Scharnowski samt seinem DGB in einem völlig anderen Licht.

Wie sollte ein Junge meines Alters das alles auch begreifen? Ein Kind, das ohne es zu wissen, das Trauma eines Weltkriegs mit sich herumschleppte und das seit seinem siebten Lebensjahr, zu diesem Zeitpunkt wechselte ich an eine sozialistische Kaderschule, täglich auf einer pädagogischen Achterbahn unterwegs war. Zuhause die reaktionäre, prowestliche Erziehung, in der Schule der radikale von stalinistisch-marxistischen Phrasen triefende Unterricht. Ein Heranwachsender, dem jede Lebenserfahrung fehlte und der keine Chance bekam, in diesem Meinungsgewitter den Überblick zu behalten. Dem jede Möglichkeit genommen wurde, herauszufinden, welche dieser Aussagen wohl richtig oder falsch sein könnte. Ein Junge, der, um im Bild zu bleiben, zwischen Agitatoren wie Karl-Eduard von Schnitzler – berüchtigt seine Sendung *Schwarzer Kanal* – und seinem westdeutschen Pendent, Gerhard Löwenthal, am Tisch sitzt und nun entscheiden soll, wer von den beiden recht haben könnte – eine absurde Vorstellung. In diesem Spannungsfeld hatte ich – sicher unbewusst – eine innere Abwehrhaltung gegen jede Form politischer Aufklärung entwickelt.

Ich war nicht nur ein sehr guter Schüler, sondern auch aus Sicht unserer Sportlehrer ungewöhnlich talentiert. Da bereits zu dieser Zeit, Sport in der DDR einen hohen Stellenwert besaß, wurde ich – ungeachtet meines *Grenzgänger-Makels* – nach Leibeskräften gefördert.

Ich durfte im Verein *Rotation Pankow* am Tischtennis-Training teilnehmen und wurde zum Eishockey-Training in die Werner Seelenbinder-Halle geschickt. Die kleinen Gemeinheiten und persönlichen Verletzungen durch einige meiner Lehrer trafen mich nicht, weil ich davon überzeugt war, ich würde die fehlende Zuwendung und Anerkennung in meinem Sport erfahren. Er war es auch, der mir half, die aggressive häusliche Kritik an diesem kommunistischen System einerseits und den demagogischen Unterricht in der *Wilhelm-Pieck-Schule* andererseits halbwegs zu ertragen. Es war mir inzwischen gelungen, gegen beides immun zu sein.

Erst zwei Jahre später, die Grundschule hatte ich sehr erfolgreich abgeschlossen, erhielt ich von diesem SED-Staat die Quittung für meine kindlich naive Einstellung. Trotz eines erstklassigen Abschlusszeugnisses, wurde mir – dem *Grenzgänger-Kind* – die Weiterbildung an Gymnasium und Universität wegen *mangelhafter gesellschaftspolitischer Eignung* untersagt.

Doch all das, konnte ich an diesem Mittwoch im Juni 1953 noch nicht wissen. Als ich kurz vor 18 Uhr vom Fußballspielen zurückkehrte, war ich überrascht, dass mein Vater noch nicht zuhause war. Auch meine Mutter schien sehr beunruhigt.

In den Nachrichten des *RIAS* hatte man berichtet, dass es im Zentrum Ost-Berlins und an verschiedenen Orten in der DDR zu Ausschreitungen gekommen war. Gegen Mittag wird deshalb für den Bereich Ost-Berlin der Ausnahmezustand verhängt. Große Sorge löste zudem eine Meldung aus, nach der am Potsdamer Platz, der Leipziger Straße aber auch in Halle Soldaten der *Roten Armee*, unterstützt von Panzern, gegen die Demonstranten vorgehen würden. „Hoffentlich ist Vati in West-Berlin geblieben." Meine Mutter blickte sorgenvoll nach draußen.

Als es bereits auf 20 Uhr zuging – meine Mutter war in der letzten Stunde immer wieder nervös zum Fenster gegangen, um nach meinem Vater Ausschau zu halten, hielt sie die Ungewissheit nicht länger aus.

„Die haben den Ausnahmezustand verhängt. Niemand darf nach 21 Uhr mehr auf die Straße gehen. Vati sitzt bestimmt irgendwo fest. Ich gehe jetzt zur Telefonzelle und versuche, die Frau Kinne zu erreichen. Sollte Vati inzwischen hier eintrudeln, dann sagst du ihm Bescheid."

Herr Kinne war der Kollege und Arbeitspartner meines Vaters. Auch er war *Grenzgänger*, wohnte mit seiner Frau und dem Sohn in Baumschulenweg. Kinnes hatten – im Gegensatz zu uns – zuhause ein Telefon. Vor ein paar Jahren hatten sie zudem ein Laubengrundstück geerbt, das im West-Berliner Bezirk Britz lag.

Als meine Mutter in Richtung Telefonzelle aufbrach, bezog ich am Schlafzimmerfenster Position. Ich hoffte, mein Vater würde jeden Moment in den Zeiler Weg einbiegen. Nach einer halben Stunde kehrte jedoch nur meine Mutter zurück. Sie hatte tatsächlich die Frau des Arbeitskollegen zuhause erreicht.

Von ihr erfuhr sie, dass sich ihr Mann am späten Nachmittag gemeldet hatte. In Anbetracht der zum Teil gewalttätigen Aktionen, dem Einsatz der sowjetischen Panzer und des verhängten Ausnahmezustandes, hätten er und mein Vater beschlossen, in West-Berlin zu bleiben. Sie würden erst einmal in der Britzer Laube übernachten.

„Morgen Nachmittag werden wir gemeinsam mit Frau Kinne an den Teltow-Kanal nach Baumschulenweg fahren. Vati und Herr Kinne wollen dort auch hinkommen. Wir können dann mit ihnen über den Kanal hinweg besprechen, wie es weitergehen soll."

Am nächsten Tag ging ich wie immer in die Schule. Es fand jedoch kein Unterricht statt. Alle Lehrer und Schüler mussten sich stattdessen in der Aula einfinden. Der Direktor erklärte uns in seiner martialisch vorgetragenen Rede – der Duktus und die ideologisch überspitzten Formulierungen waren mir nur allzu vertraut –, dass der *imperialistische Klassenfeind Provokateure in die DDR geschickt habe. Diese hätten all diese Unruhen angezettelt, um unserem Arbeiter- und Bauernstaat zu schaden. Unser sowjetisches Brudervolk sei uns in dieser Situation zur Hilfe geeilt und würde – gemeinsam mit unserer Volkspolizei – wieder für Recht und Ordnung sorgen. Alle sollten sich deshalb ruhig verhalten und die Anordnung unserer Regierung unbedingt befolgen, denn sie würden allein unserem Schutz vor den faschistischen Revanchisten aus dem Westen dienen.*

Im Anschluss an diese Erklärung unseres Direktors wurden wir mit dem Hinweis, dass ab morgen wieder normaler Unterricht sei, nach Hause geschickt.

Als ich kurz darauf einige aus meiner Fußball-Clique traf, war die Stimmung deutlich schlechter als am Vortag. Auch den beiden älteren Jungs, die gestern noch vom *Pankow in West-Berlin* fabuliert hatten, war angesichts der russischen Panzer und dem verhängten Ausnahmezustand die Furcht deutlich anzusehen.

Glaubte man den Berichten im *RIAS*, dann waren bei den gestrigen Auseinandersetzungen zwischen den Demonstranten und den Soldaten der *Roten Armee* zahlreiche Menschen getötet und verletzt worden. Bis heute ist die genaue Zahl derer, die in diesen Tagen starben, nicht bekannt. Man geht davon aus, dass es zwischen 50 und 125 Todesopfer gegeben hat.

Nicht nur meine Mutter, Frau Kinne und wir Kinder standen am Nachmittag auf der östlichen Uferseite, sondern sehr, sehr viele andere Familien waren ebenfalls hierhergekommen. Die Situation am Teltow-Kanal war grotesk. Auf der westlichen Uferseite all jene Männer, denen mit einem Schlag ihr Status *Grenzgänger* abhandengekommen war, weil Soldaten der *Roten Armee* und Vopos die Übergänge zwischen Ost und West-Berlin geschlossen hatten.

Grenzgänger, die nun ausgegrenzt waren, getrennt von ihren Eltern, Frauen und Kindern. Und genau diese standen ihnen jetzt auf der östlichen Seite des Teltow-Kanals gegenüber. Für die Hilf- und Ratlosigkeit existierte diese ideologische Grenze allerdings nicht – sie erfassten die

Menschen zu beiden Seiten dieser schmalen Wasserlinie. Denn es war völlig ungewiss, wann dieses nur Schauen und Hinüberrufen enden würde und alle sich wieder in die Arme schließen könnten.

Als ich am nächsten Tag wieder zum Unterricht in die *Wilhelm-Pieck-Schule* ging, sprach keiner der Lehrer mit uns über die Ereignisse der letzten Tage. Sie verhielten sich so, als hätte es den Einsatz der Roten Armee mit ihren Panzern und die Toten und Verletzten nie gegeben. Selbstverständlich hatte von denen keiner an diesem Kanal gestanden und nach Freunden und Familienangehörigen sorgenvoll Ausschau gehalten. Der Schmerz und das Leid, den die Ereignisse dieser Tage im Juni bei vielen Menschen hinterlassen hatte, prallten an ihrer kommunistischen Fassade ab – einer Fassade, die genauso grau und ausdruckslos war, wie die jener Häuser in der Stalin-Allee. Dort hatte alles angefangen. Enden sollte es aber erst nach über dreißig Jahren.

Nach meiner Erinnerung ist mein Vater erst am Sonntag, dem 21. Juni wieder nach Hause zurückgekehrt. Ungewöhnlich war, dass in den folgenden Tagen die Väter einiger meiner Kumpels aus unserer Nachbarschaft plötzlich verschwanden. Erst später habe ich erfahren, dass sie Opfer einer Verhaftungswelle, – eine Reaktion der SED auf die Ereignisse des 17. Juni 1953 – geworden waren.

Die historische Dimension dieser Tage im Juni 1953 war zu diesem Zeitpunkt weder den Kommunisten noch den Vertretern des Freien Westens wirklich bewusst. Zum ersten Mal seit dem Bestehen des *Eisernen Vorhangs* hatten Menschen im kommunistischen Teil Europas gegen den herrschenden Parteiapparat aufbegehrt, hatten freie Wahlen und eine demokratische Gesellschaftsordnung gefordert.

Diese Flamme der Freiheit, die am 17. Juni 1953 in der DDR aufflackerte, ist auf den ersten Blick durch den brutalen Einsatz von Soldaten und Panzern, durch eine Welle von Verhaftungen ausgelöscht worden. Aber – wie bei den Waldbränden, – so ist auch in diesem Fall die Glut der Freiheit unter der Oberfläche nie verloschen.

Nur drei Jahre später, im Oktober 1956 in Ungarn und zwölf Jahre darauf in Prag, loderte sie erneut auf. Erst am 11. November 1989 – nun wieder in der DDR – entfaltete sie endgültig jene Kraft, unter der das kommunistische Herrschaftssystem endgültig zerbrach.

1955 nahm die DDR – auch das war eine Folge des 17. Juni – eine gewisse Flurbereinigung vor. Die sogenannten *Grenzgänger* durften, sofern sie eine Zuzugsgenehmigung West-Berlins nachweisen konnten, von Ost- nach West-Berlin umziehen.

Ich besuchte bereits seit dem Frühjahr 1955 ein Gymnasium in Reinickendorf. Unser Umzug in den Westen erfolgte noch im selben Jahr.

Ingrid mein blonder Engel

Meine Geschichte beginnt weniger himmlisch, als der Titel es vielleicht vermuten lassen könnte. Sie beginnt im Berlin der Fünfzigerjahre. Deutschland hatte den Krieg verloren. Die Sieger, Amerikaner, Engländer, Franzosen und Russen, haben unser Land und meine Stadt in vier Sektoren aufgeteilt. Viele Berliner hatten beim Festlegen dieser Grenzen Glück, ich hingegen nicht, denn ich wohnte mit meinen Eltern in Pankow, und das war *russisch.*

In den ersten beiden Schuljahren besuchte ich in Heinersdorf die Schule am Wasserturm. Als man jedoch feststellte, dass ich offensichtlich nicht in deren Einzugsbereich wohnte, musste ich schweren Herzens nach Pankow an die *Wilhelm-Pieck-Schule* wechseln.

Genau genommen war ich auch dort am falschen Ort, denn die Wilhelm-Pieck war eine sogenannte Kader-Schule. Sie sollte jenen Kindern vorbehalten sein, die aus *linientreuen* Familien kamen. Familien, die sich ohne Vorbehalt – perfekt wäre die Mitgliedschaft eines Elternteils in der SED gewesen – zum System des Arbeiter und Bauernstaates bekannten.

Fast alle meiner Mitschüler waren bei den *Jungen Pionieren.* In den höheren Klassen trugen viele auch schon blaue FDJ-Hemden. Ich hatte weder ein blaues Halstuch noch ein blaues Hemd – jedenfalls keines mit dem FDJ-Symbol.

Zum sozialistischen Gesellschaftsbild passte auch nicht, dass mein Vater *Grenzgänger* war – wir wohnten in Ost-Berlin, er hingegen arbeitete in West-Berlin.

Meine Erziehung war – absolut nachvollziehbar in dieser Konstellation – prowestlich und damit alles andere als *linientreu.* Ich denke, widersprüchlicher hätte meine Situation an dieser Schule nicht sein können.

Mit dem Abstand einiger Jahrzehnte, denn meine Erziehung war nicht nur erzkonservativ, sondern sie hatte leider auch eine fremdenfeindliche Tendenz.

Die Einstellung gegenüber den Juden: Die haben schon vor dem Krieg an uns verdient, jetzt machen sie genauso weiter. Sie sollten nach Palästina gehen, da kommen sie doch her.

Die pädagogische Ausrichtung des Schulunterrichts in der SBZ – zu dieser Zeit die Springer-Definition für Ost-Berlin und die DDR – entsprach nicht annähernd den Vorstellungen meiner Eltern.

Mit dieser häuslichen Ideologie ausgestattet, war es dann auch nicht verwunderlich, dass ich am 8. Mai im Geschichtsunterricht nicht, wie von mir gesellschaftspolitisch erwartet, vom *Tag der Befreiung durch unser sowjetisches Brudervolk*, sondern vom *Einmarsch der Russen* sprach.

Ich war zu diesem Zeitpunkt elf Jahre alt und zweifellos mit der historischen Einordnung dieses Ereignisses völlig überfordert. Meine persönlichen Erfahrungen mit der Roten Armee waren von den Erinnerungen an die Begegnungen mit russischen Soldaten im Luftschutzkeller, an die furchteinflößende, schier endlose Reihe der russischen T 34 in der Seelenbinderstraße und die unmenschliche Verwüstung der Wohnung und des Lebensmittelgeschäfts meiner Großmutter durch genau jene Soldaten geprägt. Ich war viel zu jung, um etwas über die Verbrechen der Nazis zu wissen und die Begegnungen mit sowjetischen Rotarmisten als etwas Befreiendes zu empfinden.

Nach meiner menschlich verständlichen, aber ideologisch falschen Aussage, musste ich vor meine Klasse treten. Der Lehrer erklärte daraufhin meinen Mitschülern: „So argumentiert nur der Klassenfeind. Das ist die Aussage eines West-Berliner Flegels." Auf diese Weise wird ein Kind – ich war elf Jahre alt – nach einer objektiv richtigen, ideologisch offensichtlich falschen Antwort vor der gesamten Klasse an den Pranger gestellt und gedemütigt.

Dieses traumatische Erlebnis – vielen anderen Kindern ist es in der DDR garantiert ähnlich ergangen – hatte Folgen für mich. Die Unsicherheit, ich könnte auf eine vermeintlich *harmlose Frage*, unter Umständen die *falsche Antwort* geben, führte zu der reflexartigen Reaktion: „Sag' jetzt besser nichts".

Ich habe diesen ideologischen Rucksack samt der öffentlichen Demütigung während meiner Schulzeit in der DDR leider noch sehr lange mit mir herumgeschleppt. Meine *falsche Antwort* sowie der Umstand, der Sohn eines *Grenzgängers* zu sein, haben meiner Schule damals die entscheidende Steilvorlage für den späteren Text im Kopf meines Abschlusszeugnisses geliefert: Ungeachtet seiner sehr guten Noten, ist der Schüler Rainer Grebe aus gesellschaftspolitischen Gründen weder für den Besuch einer Ober- noch einer Hochschule in der DDR geeignet.

Nach *dem West-Berliner Flegel* ging auch dieser Schlag erneut voll auf die *Zwölf*. Ich hatte im Sport, der bereits zu dieser Zeit in der DDR einen hohen Stellenwert besaß, sehr gute Anlagen. Deshalb wurde ich auch – die Situation war völlig absurd – ungeachtet meines *Grenzgänger-Makels* auf jede nur denkbare Weise gefördert. Ich nahm am Jugendtraining des DDR-Eishockeymeisters *Dynamo Berlin und* im Handball und Tischtennis bei *Rotation Pankow* teil.

Dieser für mich so vernichtende Satz auf meinem Zeugnis gab mir in diesem Moment – ungeachtet meiner Liebe zum Sport – die Gewissheit, dass ich selbst auf diesem Weg niemals einen Zugang zum sozialistischen System jenes Arbeiter- und Bauernstaates gefunden hätte.

Meine Eltern fanden sich durch jenen Zeugnistext in ihren Ansichten absolut bestätigt. Er war, und davon waren sie überzeugt, mein Ticket fürs Gymnasium in West-Berlin. Sie hatten in diesem Fall recht, und so landete ich 1955 in Reinickendorf am *Gymnasium Bertha von Suttner.*

Jetzt ging es jeden Morgen mit der S-Bahn vom Bahnhof Pankow-Heinersdorf – er lag fast in Sichtweite meiner ersten Grundschule am Wasserturm – in Richtung Reinickendorf. Tägliche Kontrollen durch die *Grenzorgane der DDR*: Tasche auf! Bücher raus! Bücher rein! Tasche zu!

Auf diesen Fahrten – jeden Morgen stets mit den oben genannten Schikanen der Vopos – lernte man dann auch seine neuen Klassenkameraden näher kennen. Jungs mit immer derselben Biografie. Traumatisiert durch einen Krieg, in dem sie ihre Kindheit verloren hatten. Gescheitert am kommunistischen System der DDR, das sie ausgegrenzt, ihre Identität infrage gestellt hatte.

Meine Freunde und Kumpels. Die mit den blauen Halstüchern oder blauen Hemden. Die mich, den *Westberliner Flegel,* stets gern gehabt hatten, die mit mir die Schulbank gedrückt, mit mir Fußball gespielt, mich zu sich nach Hause eingeladen hatten. Sie alle gehen jetzt in Ost-Berlin auf die Oberschule.

Die Reaktion ihrer Eltern: Ab sofort keine *Westkontakte* zu einem Jungen, der von der DDR gebrandmarkt wurde und der sein Recht auf Bildung innerhalb dieses kommunistischen Systems verwirkt hatte. Die logische Folge – totale Ausgrenzung – aus die Maus!

Und jetzt – *Ostklasse* an einem Westberliner Gymnasium. Ein Sammelbecken von 14-jährigen, bei denen der Zweite Weltkrieg schmerzhafte Spuren hinterlassen hatte und denen die DDR ihr soziales Umfeld genommen und das Recht auf Bildung abgesprochen hatte. Verunsicherte Kinder auf der Suche nach einem eigenen Weg in einem völlig anderen Gesellschaftssystem, nach sozialer Bindung, nach einer neuen Identität.

Wir standen zudem vor der Herausforderung, wie wir den Unterricht in Deutsch und Geschichte im freien Westen mit unserer ideologisch geprägten Schulbildung in der DDR in Einklang bringen konnten – eine echte Herausforderung in diesem Alter.

Nach der Niederschlagung des Aufstandes vom 17. Juni 1953 nahm die DDR eine gewisse Flurbereinigung vor. Alle *Grenzgänger* – Sie kennen inzwischen diese Spezies – durften, wenn sie denn wollten, von Ost- nach West-Berlin umziehen. Und meine Eltern? Genau das wollten sie, denn sie hatten in der Vergangenheit bereits mehrere erfolglose Versuche unternommen.

Meine neue Heimat wurde Steglitz, und Reinickendorf war damit geografisch nicht unbedingt näher gerückt. Ich empfand S-Bahn-Fahren als teuer und nervig, die täglichen Kontrollen auf den Grenzbahnhöfen absolut bescheuert.

Den alten Drahtesel meines Vaters hatte ich inzwischen mit Schaltung, Sportlenker und Weißwandreifen optisch und technisch aufgebrezelt. Damit war klar, von nun an, Schnee und Eisglätte einmal ausgenommen, geht's jeden Morgen mit dem Fahrrad von Steglitz nach Reinickendorf.

Es dauerte auch nicht lange, da waren mir die Vopos am Grenzübergang Friedrichstraße fast so vertraut wie meine neuen Lehrer und Klassenkammeraden an diesem West-Berliner Gymnasium.

Weil so eine Fahrt zur Schule lang ist – in meinem konkreten Fall waren das frische 20 km –, sucht man irgendwann Gesellschaft. Eine Idee mit weitreichenden Folgen, denn von diesem Moment an kommt der *blonde Engel* ins Spiel.

Ingrid, blond, eine Klasse-Figur, das Traumbild eines jungen Mädchens meiner Altersliga, wohnte in Tempelhof. Wollte man von Steglitz nach Reinickendorf – kluge Ratschläge späterer Navi-Generationen sind hier absolut fehl am Patz – muss man *zwangsläufig* durch Tempelhof, das geht gar nicht anders.

Der Gedanke an Ingrid ließ auch keine andere Logik zu. Da sie meinen Vorschlag, ich könne sie jeden Morgen abholen und dann gemeinsam mit ihr zur Schule zu radeln, super fand, war der gemeinsame Weg mit ihr für mich von nun an – und wir hatten hin und wieder richtiges Schweinewetter – das reinste Vergnügen.

Ich erinnere mich an einen Nachmittag, wir waren auf unserem Heimweg, als uns am Großen Stern ein Wolkenbruch überraschte. In nur wenigen Minuten waren wir beide pudelnass. Unsere Kleidung war völlig durchgeweicht.

Über eine sehr lange Zeit habe ich dennoch kaum einen schöneren Moment erlebt. Der Anblick von Ingrid in ihrer pitschnassen Bluse – sie klebte an ihrem Körper wie eine zweite transparente Haut. Für mich der absolute Wahnsinn!

Nofretete heißt in der Übersetzung Die Schöne ist gekommen. Über Nofretete wusste ich zu dieser Zeit noch sehr wenig, über Ingrid hingegen alles. Doch so sehr ich auch für sie schwärmte, mich in dieser Phase meines Erwachsenwerdens nach ihr sehnte, sie keinem anderen gönnte, so wenig war ich mir bewusst, wohin diese tiefe Zuneigung führen sollte.

Mit ihr irgendwann *in der Kiste zu landen,* lag zu dieser Zeit jenseits meiner Vorstellungskraft. Der Begriff an sich war mir damals durchaus geläufig, was er jedoch für zwei junge Menschen meines Alters bedeutet hätte – davon hatte ich nicht einmal ansatzweise eine Vorstellung.

Während ich emotional und physisch noch bei den *Leiden des jungen Werthers* festhing, waren einige meiner Klassenkameraden schon etwas weiter. Die hatten, was Ingrid betraf, ein konkretes Ziel und einen Plan – vielleicht auch umgekehrt. So genau weiß ich das nicht mehr. Ich hab es damals nicht gewusst, und ich möchte es heute noch viel weniger wissen, ob sie ihren Plan umgesetzt, ihr Ziel jemals erreicht haben.

Wir feierten bei Ingrid Sylvester – auch ein paar aus der Klasse waren dabei – schöne Fete. Das Abi rückte näher, jedoch nicht für alle, denn nicht alle wurden zugelassen.

Aber, ohne jetzt ins Philosophische abzugleiten, der Weg zum Ziel muss ja nicht immer kerzengerade verlaufen. Ungeachtet der *Ehrenrunde,* die der eine oder die andere von meinen Klassenkameraden drehen musste, sind alle später beruflich sehr erfolgreich gewesen. Das konnte ich allerdings zu diesem Zeitpunkt noch nicht ahnen, habe es erst viele Jahre später erfahren.

Und dann – unsere private Abi-Feier. Ich erinnere mich nicht mehr, wo und bei wem wir uns trafen. Dieser Abend ist das erste leere Blatt in unserem gemeinsamen Poesiealbum, denn Ingrid ist zu dieser Fete nicht gekommen. Es gibt ja diesen Song: Tausendmal berührt – tausendmal ist nix passiert. So, wie diese Nacht verlaufen ist, in der bis dahin so zarte, zurückhaltende Mädchen ein ungeahntes Interesse für mich zeigten und von mir plötzlich völlig neue Fähigkeiten erwarteten.

Wurden bis dahin meine charmante Art, mein geduldiges Zuhören geschätzt, waren in diesen Stunden ganz andere Talente gefragt – es ging um *vollen Körpereinsatz.* Tänzerische Begabung, etwa die beim Kubanischen Kreisel der Rumba, spielte in diesen Stunden nur eine unbedeutende Nebenrolle. Es ging um eine andere Virtuosität ... sehr konsequent und sehr leidenschaftlich. Ohne die Ihnen bereits bekannte Textzeile hier noch einmal zu bemühen – was wäre wohl in dieser Nacht geschehen, wenn Ingrid zu unserer Feier gekommen wäre!?

Nach dem Abi blieb ich mit einigen meiner Ex-Klassenkameraden auch weiterhin im Kontakt.

Und dann – der 13. August 1961. Zum zweiten Mal verloren wir *Grenzgänger-Kinder* einen Teil unserer Jugend. Vor wenigen Jahren hatten wir uns, nachdem in der DDR unser soziales Umfeld, unser Selbstwertgefühl weitgehend verloren gegangen war, aus allen östlichen Ecken dieser Stadt in einer Ostklasse in West-Berlin zusammengefunden. Wir hatten einander gesucht, Freundschaften geschlossen, das erste Mal so etwas wie Liebe gespürt. Und dann dieser Tag. Alles fliegt wieder auseinander, keiner weiß, was mit den anderen geschehen ist – haben sie es noch in den Westen geschafft? Sitzen sie im östlichen Teil der Stadt fest? Oder ist ihnen sogar Schlimmeres zugestoßen? Nur noch Angst und pure Verzweiflung.

Es war ein Tag im Dezember, als Ingrid anrief. Mein Freund und einstiger Klassenkamerad Dieter Wohlfahrt war in Staaken, an der nur mit Stacheldraht gesicherten Grenze, bei einer Fluchthilfeaktion erschossen worden.

Diese irre Zeit, wieder steht sie urplötzlich still. Nur noch Leere, die man in seinem Schmerz wegschreien möchte. Ich bin fassungslos, ratlos, unendlich traurig. Es war das letzte Mal, dass ich mit Ingrid sprach. Ich verlor sie – anders als einige meiner Klassenkameraden – für immer aus den Augen.

Irgendwann habe ich geheiratet, ein Mädchen aus Tempelhof. Sie war nicht blond und sie hieß auch nicht Ingrid. Dass diese Beziehung nur neunzehn Jahre hielt, lag ganz sicher nicht nur an der Haarfarbe und dem anderen Namen.

Viele Jahre später. Ich bin wieder verheiratet. Sie heißt Ingrid, ist blond, kommt aber nicht aus Tempelhof. Sie ist Nordfriesin – kurz vor der dänischen Grenze. So findet man unerwartet etwas wieder, von dem man glaubte, es für immer verloren zu haben: Ingrid, meinen blonden Engel.

Mein Freund Dieter

Eine Ostklasse an einem Westberliner Gymnasium ist ein Sammelbecken für all jene Kinder, die von der DDR aus ideologischen Gründen ausgemustert worden sind. Aussortiert, weil sie aus Sicht einer herrschenden Partei, der SED, gesellschaftspolitisch gescheitert waren und deshalb das Recht auf Bildung verwirkt hatten. Kinder mit sehr guten Schulnoten, aber mit der offensichtlich fehlenden positiven Einstellung zum *Arbeiter- und Bauernstaat.*

Dieter war in unserer Klasse ein Exot und das, wie wir noch später erfahren werden, in vielerlei Hinsicht. Er war seinem Pass nach Österreicher und hatte auch bei wohlwollender Auslegung des Begriffs *Ostklasse* hier wenig verloren. Egal, jetzt war Dieter der *Ex-Ösi* zusammen mit uns – den *Ex-Ossis.*

Denkt man an Jungs aus Österreich, dann sind das stets kernige, lustige Naturburschen. Bei Dieter, klein und schmächtig, beschränkte sich diese alpenländliche Vitalität auf zwei freundlich blickende, lebhafte braune Augen.

Er wohnte bei seiner Tante in Wilmersdorf, war schüchtern, wirkte oft ein wenig verhuscht, so als sei er mit seinen Gedanken auf einer ganz anderen Veranstaltung als die, die ihn aktuell umgab.

Und diese Gedanken, genauer gesagt, *sein Denken* wirkte anfangs auf uns wie auf unsere Lehrer etwas verstörend, manchmal auch anstrengend. Es war schwer, später für alle nahezu unmöglich, seinen Ideen und Theorien intellektuell zu folgen.

Für unsere Lehrer – ich denke hier ganz besonders an unseren Mathe- und Physiklehrer – eine mittlere Katastrophe, für uns hingegen das pure Entertainment. Dieser Lehrer, mit seinem prolligen, stets schmuddelig wirkenden äußeren Erscheinungsbild, der sich völlig untauglich als Intellektueller inszenierte, war als Pädagoge eine absolute Fehlbesetzung. Sein pädagogischer Ansatz schien ganz offensichtlich nicht darin zu bestehen, seine Schüler zu fördern und zu motivieren – ganz im Gegenteil. Er genoss es, den meisten von uns stets auf neue zu bescheinigen, dass wir in seinen Augen talentfreie Versager sind.

Sein obsessives Interesse an einigen meiner Mitschülerinnen, das sich leider nicht auf das Prinzip *Nur kukken, nicht* anfassen beschränkte, hielt ich nicht nur für absolut unangemessen, sondern empfand es mehr und mehr als peinlich und abstoßend. Obwohl ich nicht der geborene Rebell war – die schmerzhaften Erfahrungen während meiner Schulzeit in der DDR zeigten leider noch immer Wirkung – ließ ich diesen Mann dennoch spüren, wie sehr er in meiner Achtung gesunken war. Wie sollte einer, der den Unterschied zwischen Testosteron und Empathie nie begriffen hatte, meine veränderte Einstellung ihm gegenüber auch erkennen. Hatte er schon vorher nicht allzu viel von mir gehalten, bekam ich von nun an die volle Quittung für meine Ablehnung zu spüren – weniger blumig ausgedrückt: Von da ab hatte ich endgültig die Arschkarte.

Viele Jahre später erfuhr ich, dass er sich im Suff wenig geschmeidig mit seinem Wagen um einen Laternenmast gewickelt hat – wahrlich kein schöner Abgang. Ich hätte ihm trotz meiner tiefen Abneigung eine andere Variante gewünscht.

Aber zurück zu Dieter. Er entwickelte an der Tafel mit Kreide und Schwamm Formelreihen und die daraus abzuleitenden wissenschaftlichen Konsequenzen, dass einem schwindlig werden konnte. Indem wir uns nach kurzer Zeit intellektuell endgültig aus dem Diskurs mit ihm verabschiedeten, genossen wir, zunehmend entspannt, wie sich beim *Godfather der Mathematik und Physik* der Nimbus des Intellektuellen zunehmend verflüchtigte, die Stresskurve rasant anstieg.

Irgendwann sprach Dieter mich an, ob ich nicht Lust hätte mit ihm im Anne-Frank-Heim, gleich bei ihm um die Ecke, Tischtennis spielen zu wollen. Ich denke, das war damals sein erster persönlicher Kontakt zu einem von uns.

Ich habe eingangs erwähnt, dass dieser Junge in vielerlei Hinsicht ungewöhnlich war, das galt auch für sein Tischtennisspiel. Ohne jetzt auf dicke Hose zu machen, ich war zu dieser Zeit – auch dank der Sportförderung in der DDR – einer der besten Tischtennisspieler an unserer Schule, der alle aktuellen Techniken nahezu perfekt beherrschte.

Ich bin mir jedoch sicher, das war für ihn nicht der entscheidende Grund, warum er mit mir spielen wollte. Er mochte mich, weil ich ihn und seine besondere Art vorbehaltslos akzeptierte und er sich genau deshalb in meiner Gesellschaft wohlfühlte.

Während ich also alles einsetzte, was Slice und Topspin so zu bieten hatten, stand Dieter nur wenige Zentimeter hinter der Platte und versuchte all meine Schläge mit schnellen, kurzen Bewegungen zu blocken. Eine Technik, die heute zu den Basics des modernen Tischtennis zählt.

Er war nicht nur im Bereich der Wissenschaft, sondern auch auf dem Gebiet dieser Sportart der Entwicklung weit voraus. Sein *Coming-Out*, sein Durchbruch in unserer Klasse, sollte aber noch bevorstehen.

Eine Deutschklausur stand an. Viele kennen diese wenig Freude auslösenden Themen einer solchen Arbeit: die Interpretation eines vorgegebenen Textes, eine Bildinterpretation oder die intellektuelle Auseinandersetzung mit einer vorgegebenen These. Nichts davon törnt einen 15- oder 16-jährigen wirklich an. Aber es gibt in jeder Klasse immer einige, gilt übrigens auch für die sich dann später anschließende Berufswelt, die stunden-, in diesem Fall seitenlang, über etwas fabulieren können, ohne mit diesen geistigen Blähungen auch nur den Hauch eines sinnvollen Gehalts zu produzieren.

Nach nicht enden wollenden drei Stunden war die Messe gesungen. Die meisten von uns mit dem beklemmenden Gefühl, sich wohl doch für das falsche Thema entschieden zu haben. Als ich Dieter am Nachmittag beim Tischtennis kurz darauf ansprach, antwortete er nur etwas kryptisch: Ich hab‘ ein bisschen improvisiert.

Eine Woche war inzwischen vergangen. Auf unserem Stundenplan Deutsch – gleichbedeutend mit der Rückgabe jener Klausuren.

Die erste Begegnung mit meiner Deutschlehrerin hatte ich kurz nach meinem Wechsel von Ost nach West. Das Thema der Stunde damals, Schillers Ballade *Die Kraniche des Ibykus*. Dieses wundervolle Werk wurde von unserer Lehrerin, Frau Hunderfund, mit Leidenschaft und kraftvoll in der Stimme vorgetragen. Sie erinnerte ein wenig an Wagners Walküre. Jetzt rauschte sie mit unseren Klausuren unterm Arm in den Klassenraum, wuchtete erst jenen

Blattstapel auf das Pult und anschließend sich selbst auf den Stuhl.

Die Spannung war zum Greifen nah, als sie ihre langjährige Berufspraxis mit dem Ergebnis unserer Arbeiten in Einklang zu bringen suchte. Sie hatte Vergleichbares ganz offensichtlich zuvor noch nicht erlebt.

Es gab eine Klausur, die jeden Rahmen sprengte, sie sagte allerdings nicht, ob es Bomben oder Freudenböller waren. Eine gewisse Erleichterung war bei fast allen von uns spüren, als sie aus dem Blattstapel die Klausur von Dieter herausfischte.

Was sie jetzt vortrug, passte genau zu jenem Eindruck, den ich nach kurzem Zusammensein mit ihm schon einmal im Freundeskreis beschrieben hatte. Ich war fest davon überzeugt, dass Dieter ein verkapptes Genie sei und in nicht allzu ferner Zukunft als Nobelpreisträger oder Bestsellerautor für Schlagzeilen sorgen würde.

Ich bin mir sicher, er hätte das geschafft und ich hätte recht behalten, wenn es nicht den 13. August 1961 mit all den furchtbaren Folgen für unsere Stadt, aber ganz besonders für ihn selbst gegeben hätte. In dieser Deutschstunde jedoch, konnte niemand von uns nur annähernd ahnen, was uns da noch bevorstehen sollte.

Doch zurück zu Dieters Deutschklausur. Während wir anderen uns alle, mehr oder weniger erfolgreich, mit den vorgegebenen Themen herumgeschlagen hatten, war er wie immer seinen ganz eigenen Weg gegangen.

Er hatte gelassen auf seinem Stuhl gesessen, hatte uns und die Lehrerin beobachtet, durch das Klassenfenster hinausgeblickt, den Zug der Wolken verfolgt, die Geräusche, die von draußen zu uns in das Klassenzimmer heraufdrangen, aufgenommen und das Ganze wie ein impressionistischer Maler oder wie ein Mosaikkünstler zu einem Bild, zu einer Stimmung zusammengefügt, dass es uns alle, auch angesichts der stilistischen Form, sprachlos dasitzen ließ. Fazit: Das Thema gnadenlos verfehlt – das Ergebnis – einfach nur grandios!

Dieter war angekommen in unserer Klasse! Das Abitur rückte näher und ich drehte am Rad. Büffeln für die Klausuren, fast panisch vor der in Mathematik.

Am Tag vor dem Klausurtermin tauchte Dieter bei uns am Nachmittag zu Hause auf und erklärte mir völlig entspannt, dass wir jetzt ins Anne-Frank-Heim fahren und Tischtennis spielen werden. Er war davon überzeugt, dass ich all das, von dem ich überzeugt war, es noch unbedingt pauken zu müssen, morgen gar nicht brauchen werde. Er hat, wie immer in solchen Fällen, recht behalten. Ich habe die Klausur nicht verhauen und mein Abi geschafft.

Nach dem Abitur war unser Kontakt nicht mehr ganz so eng wie davor, weil sich Dieter, auch begünstigt durch seine österreichische Staatsangehörigkeit, nach dem 13. August 1961 aktiv in der Fluchthilfe engagierte.

Als er dann im Dezember einigen Kommilitonen – zu der Gruppe zählte auch seine Freundin – helfen wollte, in Staaken, wo es zu dieser Zeit noch keine Mauer, sondern nur Stacheldraht gab, die Grenze zu überwinden, wurde er von Grenzsoldaten der DDR erschossen. Nach meiner Kenntnis hatte die Mutter der Freundin die geplante Flucht verraten. Die Grenzer erwarteten die Gruppe bereits – die Aktion endete in einer Katastrophe.

Ich bin mir sicher, dass jene, die sich heute aufplustern und medial an ihn erinnern, nicht wirklich viel über ihn wissen, wie er war, was er dachte, was ihn traurig oder fröhlich stimmte.

Gewiss, auch ich weiß nicht alles, aber er war mein Freund, der selbst heute, nach so vielen Jahren immer wieder in meinen Gedanken auftaucht, mich an gemeinsam Erlebtes erinnert.

Für
Dieter Wohlfahrt,
geboren am 27.05.1941,
erschossen am 09.12.1961.

Was glaubst du?

Achim und sein Freund Michael hockten auf einer der Stufen im Zuschauerbereich ihres Vereins Stern 1900. Soeben hatte die erste Mannschaft den 1. FC Wilmersdorf mit 6:0 überzeugend vom Platz gefegt. Mit einem kräftigen Schluck Cola spülten sie die positiven Eindrücke der letzten 90 Minuten hinunter.

Ihre eigentliche Fußballliebe galt jedoch der *alten Dame Hertha.* Diese war mit zwei Siegen in die neue Bundesliga-Saison gestartet. Im letzten Heimspiel hatten sie die *Schalker Knappen* mit einem geschmeidigen 2:0 nach Hause geschickt. Die beiden Freunde waren glücklich und nahezu euphorisch zum U-Bahnhof Olympiastadion gelaufen.

„Micha – ick bin fest davon überzeugt, wenn die so weitermachen, dann werden die in der nächsten Saison Deutscher Meister. Glaub mir Keule ... Die geh'n jetzt ab wie Schmidts Katze. In zwei Jahren rocken die de Champions-League und stehen im Finale."

Michael sah seinen Freund mit einer Mischung aus Unverständnis und leichtem Spott an. „Sag mal – hast du mehr als ditt eine Bier jehabt? Also wenn du das ernsthaft glaubst, denn biste ja noch bekloppter als die Spinner, die sich und andere in de Luft sprengen und denn ooch noch glauben, dass uff sie im Jenseits 99 Jungfrauen warten. Keule, da sind keene Bräute, und Hertha wird in der nächsten Saison auch nicht Deutscher Meister ... und so. Kannste mal ganz schnell knicken."

Tja ... mit dem Glauben ist das so eine Sache. Achim glaubt, dass die Hertha demnächst Deutscher Meister wird. Seine Mutter glaubt, dass ihr Sohn das Zeug dazu hat, ein

Klasse-Abi hinzulegen. Und sein Vater glaubt, dass niemand in seiner Firma etwas von seinem Verhältnis mit Chantal aus der Auftragsbearbeitung mitbekommt – von seiner Frau mal ganz zu schweigen. Und Michael – woran glaubte der eigentlich? Das mit *Hertha* hatte sich ja offensichtlich erledigt. Sein zu erwartendes Abi-Zeugnis sowie die daraus folgenden Perspektiven bestärkten ihn allerdings in seinem Glauben an eine glückliche Fügung in naher Zukunft.

Dagegen drückte die Situation zu Hause auf sein Gemüt. Der Grund waren das schmale Haushaltsbudget, die Harz-IV-Einkünfte seines Vaters und der damit verbundene ständige Streit zwischen seinen Eltern.

Der einzige Lichtblick, mal von der aktuellen Bundesliga-Tabelle abgesehen, war Jenny aus der Parallelklasse. Sie sah nicht nur klasse aus, sondern sie strotzte nur so von einem durch nichts zu erschütternden Optimismus. Sie verbreitete zudem eine gnadenlos ansteckende Fröhlichkeit.

Für Michael war es bis heute ein Rätsel, warum sie sich ausgerechnet für ihn entschieden hatte. Er war *der* in seiner Klasse, der keine *Marken* trug, wenn man sich darin einig ist, dass *Kik* und *Aldi* keine *Marken* sind. Er gehörte auch nicht zu denen, die sich wie Luca in jeder Unterrichtsstunde wie in einer Castingshow aufführten. Verglichen mit der angeblichen *Abschussliste* von *Super-Aufreißer* Max war er von dessen vorgegaukelten Erfolgen bei der Damenwelt so weit entfernt, wie Hertha vom Champions-League-Finale.

Vor ein paar Tagen, als er Jenny nach einem gemeinsamen Kinobesuch auf dem Heimweg begleitete, sagte sie ganz unvermittelt zu ihm: „Michi ... ich gl'ub' an dich ... und ich glaube an uns beide". Dann hatte sie ihn geküsst und war im Haus verschwunden.

Als sie sich am Wochenende wiedersahen, sprach er sie auf diesen Abschied an. Sie waren nach einem Bad im Teufelssee nach oben auf den Teufelsberg gestiegen und hatten sich, etwas abseits von der inzwischen verfallenen Radarstation der Amerikaner, auf den Rasen gesetzt. Man hatte von dort – das Wetter musste natürlich mitspielen – einen herrlichen Blick über die Stadt. „Jenny, was hast du damit gemeint – *Ich glaub' an dich?*" Sie blickte ihn mit ihren braunen Kulleraugen lange an – diesmal lächelte sie nicht.

„Du hast immer eine klare Meinung zu den wichtigen Fragen, und du vertrittst sie selbst dann, wenn du damit hin und wieder allein dastehst. Ich bin fest davon überzeugt, dass du ‚ne Menge drauf hast. Dein Problem ist – so empfinde ich das jedenfalls – du glaubst leider nicht an dich selbst. Ich weiß, bei euch zu Hause läuft es im Moment nicht besonders prickelnd. Der Stress mit deinen Eltern und die wirtschaftlichen Nachteile gegenüber deinen Kumpels in der Klasse..."

„Jenny, du kannst leicht reden", unterbrach er sie. „Deine Familie hat doch auch Kohle ohne Ende." „Moment mal", sie stoppte ihn mit einer energischen Handbewegung.

„Genau das ist der Punkt. Das Geld in meiner Familie kommt von meinen Großeltern. Opa hat, als er jung war, an allem geschraubt, was er in die Hände bekam. Hat in irgendeinem Schuppen nahezu alles repariert, was die Leute aus der Nachbarschaft angeschleppt haben. Daraus ist dann über die Jahre mit Glück und Geschick eine kleine, aber feine Firma entstanden. Er hat es geschafft, dass er für die Autoindustrie zu einem wichtigen Partner wurde. Das lief super und er hat später, nicht zuletzt mit dem Verkauf seines Unternehmens, ‚ne Menge Geld verdient. Bei meinen Eltern sieht das hingegen ganz anders aus. Die beiden surfen sehr gerne auf der Legende des erfolgreichen *Selfmade-Unternehmers.* Dabei übersehen sie nur allzu gerne, dass mein Vater sein Fitness-Studio mit dem Hochzeitsgeschenk meiner Großeltern finanziert hat. Das Startkapital für die Edel-Boutique meiner Mutter bestand aus einem Vorschuss auf ihr zu erwartendes Erbe. Als die Freundin, mit der meine Mutter den Laden eröffnet hatte, finanzielle Probleme bekam und aussteigen musste, hat meine Oma ihrer Tochter erneut geholfen, um die Geschäftspartnerin auszahlen zu können. Wenn ich nicht meine Oma hätte – Opa ist ja leider vor ein paar Jahren verstorben –, würde ich zu Hause durchdrehen. Oma gibt mir den Halt und die Orientierung, die ich bei meinen Eltern nicht finde. Die verhalten sich leider allzu oft arrogant und selbstgefällig, obwohl sie den Ball eher flach halten müssten.

In meiner Klasse ist es doch auch nicht viel besser. Yvonne, Anna und Sarah cruisen nur auf der Überholspur und sehen sich als die Sieger. Werden von Mama oder Papa mit dem SUV abgeholt und zum Tennistraining oder zum Ballettunterricht gefahren. Ein Haus auf Sylt, ‚ne Finca auf Malle ... das ist ihre Welt. Ich hab einige Jahre hier in einem sehr bekannten Klub Hockey gespielt. Wenn *Susi* und *Mausi* am Wochenende bei den Verbandsspielen nur auf der Bank saßen, weil sie schon in den Tagen zuvor im Training beschissen drauf waren, musste unser Trainer am darauffolgenden Montag in der Geschäftsstelle antanzen.

Die stinkreichen Eltern von den beiden unterbelichteten Hockeystars, haben ihm und dem Geschäftsführer dann erklärt, wie Aufstellung und Spieleinsatz ihrer Gören zu funktionieren hätten. Die beiden untalentierten Kids hätten ihre Situation vielleicht noch gepeilt aber die Eltern haben mit ihrem Reingrätschen die Stimmung und den Zusammenhalt in unserer Mannschaft total versaut. Irgendwann hatte ich Schnauze voll und hab‘ aufgehört.

All diese Leute – ob nun meine Eltern oder diese anderen Komiker in deiner und meiner Klasse – glauben nur an sich und an die Höhe ihres Kontos oder das ihrer Familie. Alle, die sich nicht auf *ihrem Niv*eau bewegen, sind die absoluten Loser. Und jetzt noch einmal zu deiner Frage. Das Alles bist du nicht. Du hast es aber, anders als diese Flachdenker, wirklich drauf. Und deshalb will ich, dass du endlich, so wie ich, an dich glaubst."

Michael hatte sie die ganze Zeit fasziniert angeschaut. Ihre schonungslose Kritik an ihrem persönlichen Umfeld hatte sie ganz ruhig fast gelassen vorgetragen. Gerade diese Form hinterließ eine weitaus größere Wirkung, als wenn sie dabei total ausgeflippt wäre. Als er noch immer nichts sagte, fuhr sie leise, fast sanft fort.

„Bitte versteht mich nicht falsch ... klingt vielleicht auch ‚n bisschen hochgestochen. Du hast diesen – so erlebe ich dich jedenfalls – ganz natürlichen moralischen Kompass, den ich auch durch meine Oma erhalte. Das ist, wie du siehst, ganz offensichtlich nicht eine Frage des Alters. Übrigens – ich bin fest davon überzeugt – Oma und Opa waren schon so, als sie noch jung waren ... so wie wir."

Langsam gelang es Michael, all die vielen Gedanken in seinem Kopf zu ordnen. „Also, mit dem, was du über mich gesagt hast ... mit dem zu wenig an sich glauben ..., ich denke, das stimmt. Ich kann die Probleme in der Welt oder die meiner Freunde gut analysieren ... hab‘ dann auch ‚ne klare Meinung dazu. Wenn es mich aber selbst betrifft – tja ich komme aus dieser Vergleichsschleife ... wo stehen die anderen – wo stehe ich ... ich komm‘ einfach nicht aus dieser Nummer heraus. Ich schaffe das eigentlich nur, wenn ich mit dir zusammen bin“.

Er blickte sie mit einer Mischung aus tiefer Zuneigung und ein wenig Traurigkeit lange an. Plötzlich musste Michael lächeln. „Wenn ich während des Konfirmandenunterrichts bei Pfarrer *Klingelbeutel* ...“ Jenny prustete los: „Du spinnst ja – so hieß der arme Kerl bestimmt nicht.“ „Okay, du hast recht. Der Typ hieß ... naja – eigentlich hieß er nur Beutel. Aber – da wir in der Zeit des Konfirmandenunterrichts jeden Sonntag zum Gottesdienst mussten, hatte der Typ auch gleich seinen Spitznamen weg: *Klingelbeutel.* Du weißt schon, wegen der Kollekte nach der Predigt. Also wenn ich bei Beutel mit deiner These über das Glauben an etwas anderes als die Dreifaltigkeit aufgekreuzt wäre, dann hätte ich locker noch ein paar Psalmen zusätzlich aufs Auge gedrückt bekommen.“

„Mensch, Michael, an etwas zu glauben – das hat doch die Kirche nicht exklusiv. Überleg doch mal: Wie viele Menschen in der Welt glauben an die unterschiedlichsten Dinge. Lassen wir mal alle Sekten und sonstige Glaubensgemeinschaften weg, dann sind immerhin noch Christen, Moslems, Juden und vielleicht die Hindus und Buddhisten mit in der Verlosung.

Meine einzige echte Freundin in der Klasse ist Nesrin. Ihre Familie ist vor zwanzig Jahren aus Syrien nach

Deutschland gekommen. Nesrin ist hier geboren, sie ist Muslimin. Ihre Familie ist gläubig, – aber sie sind in ihrem Glauben nicht verbissen, nicht radikal. Als Ramadan war, sagte Nesrin zu mir: ‚Was willst du eigentlich? Ihr geht zum Edelfasten für viel Geld ins Kloster und wir ... wir haben halt Ramadan.' Dabei hat sie sich fast ausgeschüttet vor Lachen. Sie hat null Verständnis für den IS und verurteilt all diese furchtbaren Attentate im Namen Allahs. Nesrin weist zurecht darauf hin, dass wir leider viel zu oft vergessen, dass die meisten Menschen, die von diesen IS-Idioten ermordet worden sind, Muslime – die eigenen Glaubensbrüder – waren. Sie ist auch davon überzeugt, dass sich diese Leute nicht ernsthaft mit den Suren des Korans beschäftigt haben. Hätten sie es tatsächlich getan, dann würden sie diese Attentate im Namen Allahs niemals begehen. Diese Menschen glauben nicht, die hassen nur. Das Einzige, woran diese Idioten anscheinend wirklich glauben, sind die 99 Jungfrauen im Jenseits."

„Hab ich zu meinem Kumpel Achim – der Zusammenhang war allerdings weniger ernsthaft – auch schon gesagt".

„Meine Oma hat ja nicht nur Opa geheiratet und ‚ne Tochter zur Welt gebracht. Nee, die hat sich als Vierzigjährige bei der FU einschreiben lassen und einige Semester Islam- und Religionswissenschaft studiert. Vielleicht verstehst du jetzt meine kritische Einstellung gegenüber meinen Eltern besser. Meine Oma vertritt zum Beispiel die steile These, dass Ethik und die moralischen Leitlinien für das Zusammenleben der Menschen schon vorhanden waren, bevor diese von den einzelnen Religionen für die

Ausgestaltung ihrer Glaubensgrundsätze vereinnahmt worden sind."

„Ich muss schon sagen – deine Oma ist eine ungewöhnliche Frau, und wie mir scheint, das Geld hat bei ihr offensichtlich nicht dazu geführt, den Blick für das Wesentliche zu verlieren."

„Nee ... die weiß genau, wo sie herkommt und wie schwer die ersten Jahre mit der eigenen Firma und ihrer jungen Familie gewesen sind."

„Die Theorie deiner Oma zu der Antwort auf die Frage, wer zuerst da war: Ethik und moralische Leitlinien oder die Religionen ... das ist'n ganz schön radikaler Ansatz. Für mich stellt sich dann allerdings die Frage, was würde das dann für den einzelnen bedeuten? Das Leben in unserer Welt ist nicht perfekt ... das war es auch noch nie. Es würde, sollten Moral und Ethik die Religionen in letzter Konsequenz ersetzen, für viele Menschen wahrscheinlich ein Gewinn an Freiheit bedeuten. Die weitaus größere Zahl würde dagegen nicht nur den Verlust dieser letzten ordnenden Instanz zu verkraften haben, sondern auch noch die Zuversicht an eine Form der Existenz, die über den Tod hinausreicht, verlieren. Es gäbe für Sie zudem auch keine Hoffnungen, dass eine höhere Macht existiert, der es gelingt, kraft ihrer eigenen tiefen Überzeugung und ihrer innigen Gebete, die Dinge zum Guten zu wenden.

Denk mal daran, Jenny, wie du die Menschen in unserem Umfeld beschrieben hast. Wie du nüchtern und schonungslos ihre charakterlichen Schwächen kritisiert hast. Die Menschen waren schon immer bereit, ihren Erfolg oder ihr Scheitern mit der *Allmacht* ihrer Götter zu erklären. Beste Beispiele sind die indigenen Völker und die Hochkulturen der Ägypter, Griechen und Römer. Weil sie *geglaubt* haben, konnten sie ihr eigenes Schicksal, ihren Erfolg oder ihr Scheitern mit dem Wirken göttlicher Mächte erklären. Ethik und Moral allein können das Zusammenleben der Menschen angesichts ihrer offenkundigen Unzulänglichkeit und ihrer Unvollkommenheit nicht gewährleisten. Aus dieser Sorge um ihre Zukunft, der Furcht vor den charakterlichen Schwächen ihrer Mitmenschen, hat dann – so erkläre ich mir das jedenfalls – eine Renaissance des Glaubens an den *einen allmächtigen Gott* eingesetzt.

Es könnte sein, dass sich diese Wiedergeburt des *Glaubens an den einzigen Gott* bereits bei den alten Ägyptern und den anderen Hochkulturen abgezeichnet hat. Sie alle verehrten *einen* Hauptgott, Amun, Zeus und Jupiter. Charismatische Männer wie Jesus und Mohammed haben dem Glauben an den einzig wahren Gott dann endgültig zum Durchbruch verholfen. Das Christentum ist in dieser Frage allerdings nicht so konsequent, wie es auf den ersten Blick scheint. Wir glauben an die Dreifaltigkeit – Gott Vater, Gottes Sohn und den Heiligen Geist. Bei den Katholiken gibt es zudem noch den Marienkult, die Verehrung der Jungfrau Maria. Ungeachtet dieser kleinen Unterschiede liegt das Problem – und das ist ja nun wirklich eine Binsenweisheit – nicht bei den Glaubenslehren selbst, sondern es sind wieder einmal wir Menschen, die das Bekenntnis zum Glauben infrage stellen. Wir verstoßen nicht nur gegen die Gebote wie gegen schlaffe Verkehrsregeln oder löchrige Steuergesetze, sondern wir missbrauchen die Religion, um in ihrem Namen anderen Menschen zu schaden, ihnen entsetzliches Leid zuzufügen. Denk nur mal an die Christianisierung der indigenen Völker, die Kreuzzüge, die

Hexenverbrennungen oder an das aktuelle Verhalten der Anhänger des IS.

Fast siebenhundert Jahre lang haben in Andalusien Christen, Juden und Moslems friedlich miteinander gelebt. Kultur und Wissenschaft erreichten in dieser Zeit ein so herausragendes Niveau, dass wir noch heute fasziniert und voller Bewunderung draufschauen. In Spanien versteht man noch heute unter der *Reconquista* die *christliche Rückeroberung* der von Mauren besetzten iberischen Halbinsel. Wer sich jedoch etwas genauer mit jener Epoche beschäftigt, der wird feststellen, dass am Beginn dieser Entwicklung ein banaler persönlicher Konflikt zwischen dem asturischen Fürsten Pelayo und Munuza, dem muslimischen Gouverneur von Asturien, stand. Aus dem Streit zweier Männer – von Ethik und Moral hielten beide vermutlich nicht allzu viel – wird sich in den folgenden Jahren ein blutiger Glaubenskrieg entwickeln. Am 25. November 1491 kapitulierte mit Granada die letzte Bastion der Mauren. Auf der Grundlage des Edikts von Granada haben die Christen dann nach 1492 damit begonnen, Juden und Moslems aus Europa zu vertreiben. Nach meiner unmaßgeblichen Meinung, sicher einer der Gründe für die vielen aktuellen Probleme, mit denen wir uns heute herumschlagen.

Frag‘ deine Oma – was sie von meinen Ansichten über den Glauben hält. Welches Leben wäre besser? Gibt es eins, das allein von Ethik und Moral bestimmt werden kann? Ich glaube nicht, es gibt leider in unserer Welt viel zu viele *Pelayos* und *Munuzas*."

Jenny hatte ihn kein einziges Mal unterbrochen, war ganz beeindruckt von der Art und Weise, in der er sich mit dem sensiblen Thema *Glaube* auseinandergesetzt hatte.

„Micha – ich weiß im Moment nicht, was ich dir darauf antworten soll – ich bin beeindruckt! Ich muss das erst einmal sacken lassen, bevor ich dir meine Antwort geben kann. Aber, ganz unabhängig davon, ich werde diese Fragen auch meiner Oma stellen." Sie lehnte sich an ihn und beide blickten nachdenklich auf das unter ihnen liegende Berlin. Über der Stadt breitete sich die heraufziehende Abendstimmung aus. Die Autos hatten ihre Scheinwerfer eingeschaltet, in den Wohnungen, Geschäften und Restaurants brannte Licht. „Komm Jenny ... lass uns nach unten laufen und nach Hause fahren. Wenn du Lust hast, können wir noch bei dem Italiener in der Reichsstraße ‚ne Pizza essen." „Ja, gerne. Hab' auch noch keine Lust nach Hause zu gehen. Die Bude ist sowieso leer."

Michael sah seine Freundin provozierend an: „Was glaubst du ... wie das bei mir zuhause aussieht?" Sie blieb abrupt stehen, sah ihn mit ihren großen, braunen Augen kokett an: „Michi ... in diesem Fall glaube ich gar nichts ... diesmal will ich es wissen".

Like a Rolling Stone

Am letzten Wochenende hatten Manfred und Wolfgang gemeinsam mit einigen Freunden aus ihrer Clique im *Riverboat* am Hohenzollerndamm ausgelassen ihren 20. Geburtstag gefeiert. Für beide war die Fete in diesem Club eher ein Kompromiss gewesen, denn viel lieber hätten sie ein paar Tage später, am 15. September 1965, bei dem anstehenden *Stones*-Konzert in der Berliner Waldbühne Party gemacht. Die Höhe der Eintrittspreise und ihr schmales Studentenbudget ließen sie jedoch von diesem Plan abrücken.

Am Nachmittag des 15. September rief Manfred an. „Wolle, was hältst du davon, wenn wir nachher einfach raus zur Waldbühne fahren. Also ... rein kommen wir natürlich nicht. Aber vielleicht können wir ja von draußen am Zaum doch ein bisschen vom Auftritt der Stones mitbekommen. Was meinste?" Wolfgang war völlig überrascht, hatte er doch das Konzert eigentlich schon vor Tagen abgehakt. „Manni, wenn du mich so fragst. Na klar, kostet uns ja nur die U-Bahn-Fahrkarte."

Die Waldbühne war mit 21.000 Besuchern ausverkauft, sodass jene, die glückliche Besitzer einer Karte waren, bereits vor den Eingängen warteten, als sich die beiden Freunde gegen 18 Uhr am U-Bahnhof Rathaus Neukölln trafen. Zu ihrer Überraschung waren die Züge doch voller, als sie gedacht hatten. Vielleicht hatte ja nicht nur Manfred diese *Zaungast-Idee* gehabt.

Als sie am Bahnhof Olympiastadion ausstiegen, wurde der Besucherstrom deutlich übersichtlicher, als man es im Zug hatte vermuten können. Wolfgang und Manfred hatten es ohnehin nicht eilig, da sie keine Karten besaßen. Sie wussten, dass die *Stones* bei dem Konzert der *Haupt-Act* waren und erst zu einem späteren Zeitpunkt auftreten würden.

Es war ein lauer, angenehmer Sommerabend und der eine oder andere Besucher nutzte die sich auf dem Weg bietenden Gelegenheiten, um sich mit der einen oder anderen *Gerstenkaltschale* noch einmal zu erfrischen. Ob diese oder ähnliche Entscheidungen mit ein Grund dafür waren, dass dieser Abend zu einer Zäsur in der Geschichte der Waldbühne werden würde, ist keineswegs überliefert.

Die beiden Freunde blieben ebenfalls an einer der Imbissbuden hängen. Sie entschieden sich für Cola und Wiener. Entspannt und sicher auch wenig neidisch, blickten sie den Gruppen nach, die Richtung Einlass strebten.

„Mensch Manni, jetzt, wo wir hier sind und ich die alle zur Waldbühne laufen sehe, bin ich doch ‚n bisschen traurig, dass wir draußen bleiben müssen. Hatte mich eigentlich schon damit abgefunden. Aber jetzt ..." „Geht mir auch so, Wolle. Aber ich denke, das wird nicht der letzte Auftritt von Jagger & Co. in Berlin bleiben. Die kommen irgendwann wieder, und dann sind wir beide hundert pro dabei." Er hob die Colaflasche und prostete seinem Kumpel zu.

Dass bis zum nächsten Konzert der *Stones* in Berlin über dreißig Jahre vergehen sollten, konnten sie in diesem Moment noch nicht ahnen. Es lag an diesem Abend auch jenseits ihrer Vorstellungskraft, dass jene Todesmauer, die ihre Stadt am 13. August 1961 auseinandergerissen hatte, erst nach über einem Vierteljahrhundert wieder fallen sollte.

Von der Waldbühne drangen Musikfetzen, schrille Riffs und stampfende Bässe zu ihnen herüber. Inzwischen hatte sich die Dunkelheit des Spätsommerabends über die Stadt gelegt. Für Manfred und Wolfgang wurde es nun Zeit an den Zaun der Freilichtbühne vorzurücken. Aus dem weiten Rund des Innenraums schwappte eine Geräuschkulisse nach draußen, die sich nicht so richtig deuten ließ. War es eher eine aggressive, aufgeheizte Atmosphäre? Oder waren es nur die angespannte Erwartung und Vorfreude auf das Bevorstehende – den Auftritt der Rolling Stones? Wahrscheinlich eine Mischung aus beidem. „Manni, die machen ja richtig Party da drin. Dolle Stimmung!" Manfred sah seinen Freund ein wenig unsicher an. „Wolle, ich weiß nicht so richtig, ob die da drin tatsächlich alle gut drauf sind. Klingt mir fast n' bisschen zu aufgeladen und aggressiv."

Nach einer kaum verständlichen Ansage ging der Geräuschpegel mit einem Schlag nach oben. Neben dem Gejohle und Gebrüll der Zuschauer waren die Musikfetzen von *Everybody needs somebody to love* zu hören. Es folgten einige Minuten, in denen ohrenbetäubender Lärm, Beifall und Musik zu einem wilden Klangmix verschmolzen. Dann plötzlich Buh-Rufe und ein gellendes Pfeifkonzert.

Wie die beiden am nächsten Tag in der Zeitung lesen konnten, war es zu tumultartigen Szenen gekommen. Als einige Besucher versuchten, auf die Bühne zu klettern, verließen die Stones diese fluchtartig. Wenig später kehrte die Band jedoch zurück und spielte weiter, jetzt aber ganz offensichtlich mit deutlich geringerer Begeisterung. Kaum hatte Mik Jagger *I can't get now satisfaction* beendet, Keith und seine Kumpels ihre letzten Riffs und Drums von der Bühne gefetzt, war Feierabend. Die Bühne verschwand ansatzlos im Dunkel der Nacht.

Was von diesem Moment an passierte, ging in die

traurige Lokalgeschichte West-Berlins ein. Es krachte und schepperte im Innenraum bedrohlich. „Mensch, Wolle, ich glaube, die zerlegen gerade die Waldbühne." Wolfgang sah seinen Freund ungläubig an. Als jedoch die ersten Besucher panisch und in blanker Angst durch die Ausgängen nach draußen stürzten, reagierte Wolfgang sofort: „Manni, los gib Gummi. Wir müssen hier weg!" Manfred sprintete los, als hätte er nur auf dieses Startsignal gewartet.

Erst als sie den S-Bahnhof Pichelsberg erreichten, stoppten sie ihren Lauf. Beide standen weit vorn übergebeugt, die Hände auf die Oberschenkel gestützt und schnappten nach Luft. „Komm Wolle! Keine große Pause. Die erste Bahn, die wir kriegen, ist unsere. Was meinste, was hier in ein paar Minuten los sein wird. Wenn die ersten Chaoten ankommen, müssen wir längst über alle Berge sein." Wolfgang nickte nur kurz, und die beiden Freunde liefen hinunter zu den bereits wartenden S-Bahn-Zügen.

Die ernüchternde Bilanz dieser Nacht: 87 Verletzte, ein Sachschaden von etwa 400.000 DM und eine völlig demolierte Waldbühne, die erst 1981 wieder zum Veranstaltungsort für Konzerte neu erwachen würde.

Wir sind im Jahr 1998. Manfred und Wolfgang haben bereits die *Fünfzig geknackt* und sind, ungeachtet der inzwischen vergangenen Jahrzehnte und der einschneidenden Ereignisse in dieser Zeit, beste Freunde geblieben.

Harzer Straße, Mauerbau und Mauerfall – das war gestern. Heute leben die beiden Freunde mit ihren Familien in Schmargendorf und Steglitz. Da ihre Begeisterung für die *Rolling Stones* zwischen ihrer Studentenzeit und der Lebensphase *50 plus* unvermindert anhielt, reagierten sie fast euphorisch, als für den 22. Mai ein Konzert der Rock-Band im Olympiastadion angekündigt wurde.

Wolfgang las einen Vorbericht in der Zeitung und griff sofort zum Telefon. Manfred nahm ab. „Manni, hast du schon gehört? Die *Stones* kommen im Mai ins Olympiastadion. Du ... du erinnerst dich doch noch? September‘ 65? Wir haben mit denen noch eine offene Verabredung."

„Mensch Wolle, meinste, ich könnte diesen Abend je vergessen? Okay, ist ‚ne Menge inzwischen passiert. Aber diese Nacht ... nee ... wie wir beide wie die Hasen zum S-Bahnhof gerannt sind, weil so‘n paar Irre die Waldbühne auseinandergeschraubt haben. Nee, mein Junge, ist noch alles auf meiner Festplatte." „Manni, wie machen wir‘s? Soll sich jeder von uns um Tickets bemühen oder wollen wir das gemeinsam angehen?" „Na, ich denke, wir sollten das zusammen machen. Man weiß ja nicht, ob die fürs Stadion nummerierte Plätze verkaufen. Wenn ja, dann sollten wir doch auf jeden Fall nebeneinandersitzen." „Alles klar, Manni, seh‘ ich auch so. Gabi, meine Frau, will auf jeden Fall mitkommen. Wie sieht‘s bei dir aus? Was ist mit Andrea?" „Aber so was von ... Die ist noch‘n Zacken verrückter als ich." „Manni, ich kümmere mich darum. Hab‘ hier ‚n Superkontakt zu einer Theaterkasse. Ist ein guter Kumpel von mir. Wir spielen hin und wieder mal ‚ne Runde Tennis. Ich denke, da liege ich mit meinem Wunsch nach vier *Stones*-Karten ganz weit vorne."

Wenn Wolfgang geglaubt hatte, nur er hätte diesen Artikel über das geplante *Stones*-Konzert gelesen, dann war er auf dem Holzweg. Die *Rolling Stones* im Olympiastadion – endlich würde das Waldbühnen-Trauma einer Generation, zu der auch Manfred und Wolfgang gehörten, hinweggefegt werden. Was konnte ein Rock-Konzert einem Stadion wie diesem schon anhaben? Es hatte das *1000-jährige Reich*, die Bombenangriffe der Alliierten und all die Folgen des *Kalten Krieges* nahezu unbeschadet überstanden. Die Beat- und Rock- and Roll-Gemeinde Berlins war jedenfalls bei der Ankündigung dieses Gastspiels *on fire*. Als Wolfgang beim nächsten Tennismatch seinen Kumpel von der Theaterkasse ansprach, sah dieser ihn fast ein bisschen mitleidig an. „Wolle, der offizielle Vorverkauf für die Tickets beginnt zwar erst im April, aber was meinst du, wie viele Vorbestellungen bei mir schon unterm Ladentisch liegen. Ich hab bereits eine lange Liste dieser *Herzenswünsche*. Aber ich denke, ich bekomm‘ das für dich ganz bestimmt hin. Mach dir mal keinen Kopf, das schaff‘ ich schon."

Wolfgang hatte Manfred schon einmal vorsichtig darauf eingestimmt, dass die Sache mit den vier Tickets kein Selbstläufer werden würde. Sein Freund reagierte ausgesprochen gelassen. „Wolle – mach dir mal kein Stress. Wir haben ‚ne feste Verabredung mit den S*teinen* ... daran musst du fest glauben. Du wirst sehen, am 22. Mai rocken *wir* das Olympiastadion. Du hast mein Wort drauf."

Das war typisch Manni. Er dachte wie immer positiv. Selbst nach dem 13. August 1961, als alle völlig paralysiert auf diesen surrealen Mauerbau blickten, war er nicht davon abzubringen, dass dieser Eingriff in ihre Stadt, in ihr Leben eine *vorübergehende* Erscheinung sein würde. Wenn *vorübergehend* auch für den Zeitraum von fast 30 Jahren galt, dann, ja, dann hatte er wohl recht behalten.

Als Walter, der Mann von der Theaterkasse, an einem Freitagnachmittag bei Wolfgang anrief, hatte sich Mannis Prognose jedoch vorerst nicht erfüllt. Das Konzert im Mai sowie eine Reihe anderer Tour-Termine der *Stones* waren abgesagt worden, weil sich Keith Richard bei einem Sturz von der Leiter verletzt hatte.

Wolfgang griff gleich nach dem Anruf zum Telefon. Als Manfred abnahm, spürte dieser sofort, dass irgendetwas geschehen sein musste. „Wolle, ist was passiert? Du klingst so merkwürdig", erkundigte er sich vorsichtig. „Manni, ich kann's einfach nicht glauben. Das Konzert ist abgesagt, weil Keith Richard von der Leiter gefallen ist. Gerade hat mich Walter angerufen. Bin fix und alle." „Mann, Junge, nun mach dich mal locker. Klar, die Sache ist natürlich ärgerlich. Aber glaub' mir, die Jungs sind beinhart. So'n Sturz wirft en Typ wie den ollen Keith nicht aus der Bahn. Ich bin mir absolut sicher, Jagger und Co. stehen noch in diesem Jahr hier bei uns auf der Matte."

Da war er wieder – Manfreds unerschütterlicher Optimismus. Diesmal allerdings, sollte er recht behalten. Einige Wochen später kam die erhoffte Nachricht. Das Konzert wird verschoben und findet nun am 26. August statt. Wolfgang drehte vor Freude am Rad, und Manfred lehnte sich gut gelaunt und entspannt zurück. Er hatte es schließlich genau so erwartet. Auch bei der Kartenbestellung gab es keine Probleme. An einem Samstagnachmittag Anfang August klingelte in Steglitz das Telefon. „Manni, unsere Tickets sind da. Kannst schon mal *You Can't Always Get What You Want* in den Player schieben und dich ein bisschen *eingrooven*. Übrigens: Der Titel passt doch perfekt zur Situation, oder?"

Manfred lachte am anderen Ende der Leitung. „Ich hab's dir doch gesagt – wir haben eine Verabredung mit den Jungs. Du, ich freu' mich riesig. Wir beide mit unseren Mädels auf einem Stones-Konzert. Wahnsinn. Am 26. August, da lassen wir es aber richtig krachen, was meinste?“

Die Wochen vergingen. Der Tag, an dem sie zum ersten Mal in ihrem Leben, die Rolling Stones live und in Farbe erleben sollten, war ein Freitag. Alle hatten sich heute ein wenig früher aus ihren Büros abgeseilt. Gegen 16.00 Uhr kamen Manfred und Andrea bei Wolfgang und Gabi in Schmargendorf an. Gemeinsam ging‘s mit dem Auto über Hohenzollerndamm, Argentinische und Spanische Allee in Richtung Havelchaussee. In der Kranzallee, nur wenige Minuten von der Heerstraße entfernt, parkten sie den Wagen. Auf diese Weise würden sie dem allgemeinen Chaos, das stets bei Großveranstaltungen auf den Parkplätzen nahe der Waldbühne und dem Olympiastadion herrschte, geschmeidig aus dem Weg gehen. Da sie wussten, dass sie mit dieser Idee inzwischen nicht allein unterwegs waren, hatten sie sich für dieses frühe Treffen entschieden.

Glaubte man dem Kalender, sollten eigentlich hochsommerliche Temperaturen herrschen. Davon war jedoch an diesem Freitag wenig zu spüren. Das Thermometer zeigte sportliche 18 Grad und von einem blauen Himmel war weit und breit nichts zu sehen. Noch war es trocken, aber die dunklen Wolken ließen nichts Gutes ahnen.

Kaum hatten sie die Heerstraße überquert, bewegten sie sich in einem dichten Zuschauerstrom auf das Olympiastadion zu. Nach dem zähen Anmarsch, den langen Schlangen an den Eingängen und den schleppenden Einlasskontrollen erreichten sie gegen 19.00 Uhr endlich ihre Sitzplätze im Stadion.

Sie saßen nur wenige Reihen über dem Rundgang voneinander trennt. Von dort hatten sie einen hervorragenden Blick auf die vorm Marathontor aufgebaute Bühne. Zu diesem Zeitpunkt war noch *Big Country* als Vorgruppe in Aktion. „Wann treten eigentlich die *Stones* auf?" Andrea blickte etwas ungeduldig in Richtung Bühne. „Also, ich habe von Walter – das ist der von dem wir die Karten bekommen haben – gehört, dass die so gegen 21.30 Uhr loslegen sollen. Mehr weiß ich auch nicht", antwortete Wolfgang.

Die Gruppe war nicht schlecht, aber Stuart Watson & Co. hatten gegen Mick Jagger und seine drei Kumpels keine Chance. Die Zeit verging schneller als gedacht. Das Stadion war rappelvoll und die Stimmung hervorragend. Sah man einmal von einigen Reihen im Unterring und den Fans im Innenraum ab, saßen alle anderen, Dank des zur Fußball-WM 1974 eingefügten Daches, selbst bei Regen im Trocknen.

Schlagartig um 21.45 Uhr wird die nur vierzig Meter entfernte Bühne in tiefblaues Licht getaucht. Ein Feuerwerk davor, und oben Keith Richard, der an der Seite von Ron Wood seine Eröffnungsriffs über die Rampe fetzt. Gemeinsam mit Mick Jagger feuern sie *Satisfaction* in das weite Stadionrund. Angetrieben vom Schlagzeuger Charly Watts mit seinen Beats und Drums wird diese gewaltige Schüssel zu einem riesigen, im Beat-Rhythmus schwingenden Resonanzboden.

Die versammelte *Stones*-Gemeinde tobt voller Begeisterung. Als Mick Jagger dann das Publikum mit *Gemme shelter* begrüßt, geht der Geräuschpegel noch einmal kräftig nach oben. Wie sich wenig später zeigen wird, reißt ein solches Konzert nicht jeden gleichermaßen mit.

Beim dritten Titel, *Anybody seen my baby*, stehen im Unterring fast alle Fans und rocken begeistert zur Musik. Als die Stones *It's only Rock ,n Roll* starten, kommt auch in den Reihen vor unseren Vier Bewegung auf. Gabi hatte schon beim ersten Riff von Keith in die Höhe schnellen wollen. Wolfgang kannte seine Frau jedoch und hatte rechtzeitig eingegriffen. Nein, keine *Blutgrätsche,* nur sanfter Druck. „Gabi, die sitzen doch noch alle. Warte mal n' bisschen ab", beruhigte er sie leise.

Jetzt, da in den Reihen vor ihnen alle stehen und tanzen, hält es auch sie nicht mehr auf ihren Sitzen.

Als Mick Jagger bei *You got me rockin'* über die Bühne stampft und das Publikum zum Händeklatschen animiert, lassen sich alle begeistert mitreißen. Alle? Nee, da war doch was. Von hinten, aus der zweiten Reihe, kommt plötzlich eine Stimme: „Eye, hinsetzen! Ick kann nüscht sehen!" „Meister, ditt is'n Rockkonzert. Wenn de inne Opa willst, denn biste hier aba richtich falsch."

Einige Plätze von Manfred entfernt rockt ein junger Mann begeistert mit. Er war es auch, der diesen lockeren Kommentar nach hinten abgegeben hatte. Andrea dreht sich um und sieht den Protestierenden lachend an. „Kennen Sie den Hit *Like a Rolling Stone*?" Der Dicke schaut sie überrascht an: „Nee, kenn ick nich. Spielen die den ooch noch?" „Vielleicht. Der ist eigentlich von Bob Dylan. Aber die Bedeutung des Titels ist interessant." „Mädchen, quatsch keene Opan. Setzt euch jefällichst wieda hin, damit ick ooch watt seh'n kann."

Andrea lässt sich aber gar nicht aus der Ruhe bringen: „Rolling Stones, das sind Steine, die immer in Bewegung sind, die setzen kein Moos und keinen Kalk an." Lachend dreht sie sich wieder zu Manfred um und nimmt den Rhythmus der Musik auf. Und, als hätte sie es geahnt, folgt tatsächlich Bob Dylans Song *Like a Rolling Stone.*

Mit diesem Auftritt der Stones und ihrer Musik hatte für Wolfgang und Manfred eine kleine Zeitreise zurück zum 15. September 1965 begonnen. Beats, Riffs und Drums verdrängen für wenige Minuten jene 33 Jahre, die zwischen heute und damals lagen. Manni und Wolle bewegen sich in der Soundwolke, so als stünden sie, einst junge Studenten, an einem längst vergangenen lauen Sommerabend in der Waldbühne.

Von dem Sommerwetter damals ist jedoch heute nichts zu spüren. Im Gegenteil, seit einigen Minuten regnet es in Strippen. E-Gitarren sind, Gott sei Dank, keine Stradivaris, und so befeuert Charlie Watts ungebremst seine Drums, teilen Keith Richard und Ron Wood mit ihren schneidenden Riffs den strömenden Regen.

Mick Jagger, inzwischen pudelnass, stolziert in seiner lasziven, aufreizenden Manier unbeirrt über die Showbrücke – *The Bridge To Babylon* – so, als sei auch an ihm und seinen drei Kumpels die Zeit irgendwie spurlos vorübergegangen.

Und so wie *die Steine* hier bei strömendem Regen mit ungebrochener Energie und *Satisfaction* über die Bühne rollen, geben auch unsere Vier alles. Genau, *like a Rolling Stone.*

Der weisse Fleck

Der *weiße Fleck* ist eine Metapher und steht für das Unbekannte, das Verborgene. Es gibt diesen Begriff in der Geografie, wenn wir zum Beispiel an ein unerforschtes Gebiet in den riesigen Wäldern des Amazonas denken. Auch im digitalen Nachrichtenverkehr, in den neuen Kommunikationsnetzen, finden wir ihn. Dort steht er, umgangssprachlich auch Funkloch genannt, für die fehlenden Voraussetzungen, um miteinander Daten auszutauschen.

Es gibt ihn aber auch in den Biografien der Menschen. Das ist jener Bereich, den wir uns, bewusst, häufig auch unbewusst, als eine Art Schutzraum geschaffen haben. In ihm sollen besonders belastende Ereignisse, traumatische Erfahrungen, es können bisweilen ganze Lebensabschnitte sein, für immer verschwinden. Man will, man kann sich nicht erinnern. Es ist, als hätte es diese Momente, diese Phasen im Leben jenes Menschen nie gegeben.

Die Kriege des 20. und 21. Jahrhunderts – sie sind wie eine fürchterliche Krankheit, für die wir bis heute keine heilende Therapie gefunden haben. Sie bringen die unmittelbar Betroffenen angesichts der grauenvollen Verbrechen, die seitdem begangen werden, und der völlig sinnlosen Zerstörung ihrer Heimat an die Grenzen ihrer Leidensfähigkeit.

Nicht nur für Kinder, die in Kriegszeiten geboren werden, sondern auch für jene Erwachsenen, die all das Elend bewusst erleben und verarbeiten müssen, sind die *weißen Flecke* in ihren Biografien eine zwangsläufige Folge.

Wissenschaft und Literatur, ich denke hier besonders an

die Studien von Sabine Bode, haben sich mit diesem Phänomen und seinen Spätfolgen intensiv beschäftigt. Was lösen Kriegstraumata bei Kindern, bei deren Eltern aus? Wie viel geben sie davon an die nächste Generation weiter?

Ich habe mich oft gefragt: Hat all das, was ich als Drei-, Vierjähriger während der Bombennächte in Luftschutzkellern oder auf der Flucht durch die brennenden Straßen Berlins sah und erlebte, auch bei mir Spuren hinterlassen?

Es gibt in meiner Biografie keine weißen Flecke. Meine Erinnerung an die Kriegs- und Nachkriegszeit ist ungewöhnlich gut. Ich habe, davon bin ich überzeugt, nichts vergessen.

Das Heulen der Sirenen bei Luftangriffen, die von Angst getriebenen Menschen, die mit uns an lichterloh brennenden Häusern zum Luftschutzraum hetzen. Die völlig zerstörte Wohnung und das bis zur Unkenntlichkeit verwüstete Geschäft meiner Großeltern, die schier endlose Reihe der russischen Panzer in der Seelenbinderstraße in Köpenick – nichts davon habe ich vergessen.

Ich habe überraschend gute Erinnerungen auch an jene Zeit im Dorf Berkholz – umgesiedelt für einige Monate aus Furcht vor den täglichen Luftangriffen auf Berlin. Unvergessen auch jener Moment im Luftschutzkeller, als mich ein junger Rotarmist vom Schoß meiner Mutter hob und zu sich auf den Arm nahm. Vermutlich hat er in diesem Moment an seine Familie, an den eigenen kleinen Sohn im fernen Russland gedacht.

Diese Erinnerungen sind da und dennoch – ich stimme Frau Bode zu – sie haben auch bei mir Spuren hinterlassen.

Ein dreijähriger Junge ohne Ruhepunkt, ohne die häusliche Geborgenheit im Schoß seiner Familie. Was geschieht mit einem Kind, das fast täglich mit der Mutter stundenlang durch die zerbombten Straßen Berlins hetzt? Der über die im Wasser der Spree liegenden Trümmer einer zerstörten Brücke balancieren muss, weil man die Straßenbahn auf anderen Uferseite erreichen will.

Die beiden sitzen zudem in unbeleuchteten S-Bahn-Zügen, deren Abteile nur durch den Schein einer Kerze erhellt werden. Dies, weil seine Mutter mit ihm ständig zwischen dem Elternhaus in Pankow und der Wohnung der Großeltern in Köpenick hin und her pendelt.

Wie verarbeitet ein Vierjähriger diese Zeit, in der er die Ängste seiner Mutter, seiner Großeltern zwar spürt, sie angesichts der fehlenden Lebenserfahrung eines so kleinen Kindes nicht einzuordnen weiß? Was geschieht mit ihm, wenn er häusliche, familiäre Geborgenheit und das daraus wachsende Urvertrauen in sein *Zuhause* in dieser Phase des Heranwachsens nie kennenlernen wird? Statt mit Gleichaltrigen unbekümmert zu spielen, irrt er stundenlang durch eine vom Krieg gezeichnete Stadt. Statt einer Gute-Nacht-Geschichte hört er das Heulen von Luftschutzsirenen, kauert gemeinsam mit zahlreichen ängstlichen Menschen in düsteren Kellern. Bei jedem Granateneinschlag, bei jeder Bombenexplosion rieselt der Kalk von den bebenden Wänden. Staubwolken wabern durch spärlich erhellte Kellergewölbe.

Er wird später – unbewusst – eine sehr ausgeprägte Bindung zu diesem, *seinem Zuhause* entwickeln. Sein Verhalten wird in seinem Umfeld häufig auf Unverständnis stoßen, wenn ihn offensichtlich selbst banale Phasen der Trennung zu belasten scheinen.

Einige meiner Freunde sind zehn, manche fünfzehn

Jahre jünger. Den Krieg kennen sie nur aus Büchern oder den Erzählungen älterer Familienmitglieder. Ihre Kindheit war, verglichen mit der meinen, angstfrei und unbeschwert. Sie haben niemals in der Furcht gelebt, ihr *Zuhause,* ihre Familie zu verlieren. Weil sie diese Verlustangst nicht kennen, haben sie auch keine so starke Bindung an Heim und Herd, wie ich sie empfinde.

Als der Krieg zu Ende war – ich ging inzwischen zur Schule – tauchten hin und wieder Familienfotos auf, die ich zuvor noch nie gesehen hatte. Bilder, auf denen mein Vater und mein Großvater Uniformen tragen.

Beide waren – die Vermutung liegt für mich sehr nahe – Mitglieder in den Organisationen des Nationalsozialismus. Mein Vater, obwohl er *kriegsverwendungsfähig war* – ein bizarres Wort im Angesicht eines mörderischen Gemetzels – wurde nicht eingezogen, war nie an der Front.

Dennoch gab es diese Aufnahmen, die ihn in Uniform und Reitstiefeln zeigten. Nur Offiziere waren so gekleidet. Das Foto sei angeblich bei einer Reserveübung in Zossen entstanden, wurde mir damals erklärt.

Während des Krieges war mein Vater – offiziell Fernmeldetechniker – im Reichsluftfahrtministerium, kurz RLM genannt, eingesetzt.

Unser gesamter Hausstand oder das, was meine Eltern für wertvoll hielten, war im RLM eingelagert. Schwer vorstellbar, dass einem einfachen Fernmeldetechniker derartige Privilegien eingeräumt worden sind.

Weit nach dem Tod meines Vaters erwähnte meine Mutter eines Tages fast beiläufig: „Wenn die Russen 1945 unseren Keller in Pankow genauer durchsucht hätten ...

wahrscheinlich hätten sie uns auf der Stelle erschossen oder nach Sibirien abtransportiert."

Als ich sie am darauffolgenden Tag gezielt darauf ansprach – ihre Bemerkung vom Vortag war inzwischen in ihrer ganzen Tragweite bei mir angekommen –, erhielt ich die Antwort: „Das hab' ich gestern so nicht gesagt, da musst du etwas völlig falsch verstanden haben." Diese Antwort steht stellvertretend für all jene, die ich schon früher bei anderen Gelegenheiten auf meine Fragen erhalten hatte. Weil in meiner Familie nie darüber gesprochen, meinen Fragen stets ausgewichen wurde, lässt mich diese Ungewissheit auch heute, nach über sechzig Jahren, nicht zur Ruhe kommen.

War mein Vater in der Zeit zwischen 1933 und 1945 Teil dieses Systems? Und wenn ja, welche Aufgaben hat er wahrgenommen? War er zu unbedeutend? Oder hat er vielleicht doch mit seinem Handeln anderen Menschen geschadet? Habe ich nicht konsequent genug nachgefragt? War ich zu nachlässig, vielleicht auch zu oberflächlich?

Wahrscheinlich war es der Respekt vor meinen Eltern, das Gefühl, mein Nachfragen könnte nicht angemessen sein. All jene, mit denen ich heute darüber sprechen könnte, sind inzwischen verstorben oder so alt, dass sie keine konkreten Erinnerungen an diese Zeit haben.

Die *weißen Flecken* in den Biografien meiner Eltern, jetzt sind es meine. Ich werde sie leider auch an meine beiden Töchter weitergeben. Sie sind fest verwurzelt in unserer Familiengeschichte. Die *weißen Flecken.*

Sabine Bode (geb. 1947 in Eilsleben) ist eine deutsche Journalistin und Buchautorin. Sie begann als Redakteurin beim Kölner Stadt-Anzeiger. Seit 1978 arbeitet sie freiberuflich als Journalistin und Buchautorin. Ihre Hörfunkbeiträge werden überwiegend im WDR und im NDR gesendet. Sabine Bode lebt in Köln. Bekannt wurde Sabine Bode insbesondere durch ihre Bücher über Kriegskinder und Kriegsenkel. In „Die vergessene Generation" und „Die Kriegskinder brechen ihr Schweigen" deckte sie auf, dass kindliche Kriegstraumata oft jahrzehntelang unbewusst und unentdeckt bleiben. Erst im höheren Lebensalter mit seinen zusätzlichen Belastungen werden sie offenbar. Darüber hinaus wirken die Traumata der Kriegskinder oft transgenerational weiter.

Das hab' ich vergessen

Wie oft in unserem Leben, haben wir diese Antwort wohl schon gegeben? Wir zählen, wir dokumentieren so etwas natürlich nicht. Dennoch ... Ich bin davon überzeugt, es war nicht nur oft, es war schon sehr oft.

Wir fangen bereits ganz früh damit an. Wenn wir noch kleine Menschlein sind, die erst vor Kurzem auf diese Welt gelangt sind und nun damit beginnen, aus den ersten erlernten Wörtern kleine Satzgebilde zu formen.

Irgendwann steht dann einer deiner Erzeuger vor dir, mit großen Augen und leicht tadelndem Tonfall: „Die Windel ist ja schon wieder nass – warum hast du denn nicht gesagt, dass du auf's Töpfchen musst?" „Hab' ich vergessen, Mama." So fängt es an ... ganz harmlos ... ganz menschlich.

Richtig, in den folgenden Jahren wiederholt sich das Ganze. Wir haben unsere Spielsachen nicht aufgeräumt, haben die eine oder andere Hausaufgabe aus dem Schulunterricht mal eben ausgeblendet. Unsere Erklärung in solchen Fällen bleibt stets die Gleiche: „Das hab' ich vergessen."

Inzwischen sind wir älter, erwachsener geworden. Wir haben eine Menge gelernt, auf unserer *Festplatte* ist viel Gescheites, aber auch die eine oder andere Blödheit abgespeichert. Dank unseres Intellekts, unserer gewonnenen Erfahrung, können wir ein planvolles, strukturiertes Leben führen. Wir kennen die Unterschiede zwischen gut und böse, egoistisch und mitfühlend, solidarisch und rücksichtslos. In dieser Phase entwickeln sich Freundschaften, wenig später auch erste Partnerschaften. Wir gehen feste Beziehungen ein. Wir erkennen, auch im Berufsleben, dass uns in kritischen Momenten, die Zauberworte *Das hab' ich vergessen*, davon sind wir plötzlich überzeugt, nicht mehr aus der Klemme helfen, sondern das Problem eher noch größer werden lassen.

Mit dieser Einschätzung geht dann leider die Unbefangenheit aus unseren Kindertagen und damit auch ein Teil unserer Aufrichtigkeit verloren. Die altbekannte Lebensweisheit *Ehrlich währt am längsten* gilt natürlich weiterhin. Sie wird jedoch von nun an durch die eine oder andere taktische Überlegung aufgeweicht. Soll ich meinem Chef gegenüber einräumen, dass ich die Nummer vergeigt habe, oder ist es nicht, mit Blick auf die eigene Karriere, viel sinnvoller, mit nebulösen, halbwegs logisch klingenden Erklärungen auf andere Ursachen hinzuweisen?

Soll ich meiner Frau, meinem Mann offen beichten, dass ich bei der letzten Betriebsfeier deutlich vom Pfad der Tugend und Treue abgekommen bin? Es gibt ja, Gott sei Dank, nicht nur diese soeben zitierte Lebensweisheit, sondern auch noch die andere Variante: *Was ich nicht weiß, macht mich nicht heiß*. Der Fehler im Büro, der Fehltritt im Privatleben, das waren doch kleine einmalige *Ausrutscher*. Warum sollte man deshalb einen Konflikt auslösen, der vieles infrage stellen würde? Wer an dieser Stelle ausweicht, hat ernsthaft damit begonnen, für sein künftiges *Haus der falschen Illusionen* das Fundament zu legen. Die Wahrheit, meine eigenen Fehler ... ganz einfach ausblenden. Eine fatale Entwicklung.

Als man nach dem Ende des Zweiten Weltkrieges Familienangehörige oder andere Erwachsene danach fragte, wie es damals im Dritten Reich gewesen sei, ob sie von dem, was wir heute den Holocaust nennen, etwas mitbekommen haben, erhielt man zwei mögliche Antworten: *Davon hab‘*

ich nichts gewusst oder *Das hab' ich vergessen.* Diese zweite Möglichkeit kommt uns irgendwie bekannt vor. Erinnert sie uns doch an die naive, unverstellte Ehrlichkeit unserer Kindheit. Der Unterschied besteht allerdings darin, dass die eine Antwort Schuld und Fehler anerkennt, während die andere Schuld und Gleichgültigkeit leugnet.

Wenn wir die Gegenwart betrachten und mit Erstaunen auf die Orientierungslosigkeit, auf den Frust und die Wut vieler Menschen blicken, dann ist eine Ursache für diese Entwicklung, dass die Eliten in allen Bereichen unserer Gesellschaft die Ehrlichkeit und die Fähigkeit, eigene Fehler und Fehleinschätzungen einzugestehen, ihrer Karriere, ihrem Streben nach Macht und Einfluss geopfert haben. Man stelle sich nur einmal vor, ein ehemaliger Präsident der USA hätte nach seiner Wahl auf die vielen Fragen der Journalisten zu seinen denkwürdigen, zum Teil verstörenden Äußerungen während des Wahlkampfes etwa Folgendes geantwortet: „Diesen ganzen Schwachsinn soll ich in den letzten Wochen zum Besten gegeben haben? Sind Sie sich da ganz sicher? Also ... beim besten Willen ... das hab' ich alles total vergessen." Gegenüber denen, die ihn soeben wegen genau dieses Schwachsinns gewählt hatten, wäre das wohl ein glasklarer Betrug am Wähler gewesen. Für den Rest der Welt hätte dieses Verhalten an der Bewertung seines Charakters und seiner Qualifikation für das höchste Amt in diesem Staat ohnehin nichts geändert.

Die gezielte Verbreitung von falschen Informationen, das bewusste Leugnen von historischen oder wissenschaftlichen Fakten, sind ein Beweis dafür, wie stark sich der ethisch-moralische Kompass in unserer Gesellschaft verschoben hat. Genau deshalb dürfen wir nicht aufhören, uns und die anderen täglich daran zu erinnern. Wir dürfen niemals vergessen!

Schau mir in die Augen

Berlin ist nicht nur eine besetzte, sondern seit dem 13. August 1961 auch eine geteilte Stadt. Zerrissen durch eine Mauer, die Ost und West, Familien und Freunde voneinander trennt. Jeder Versuch, von Ost-Berlin aus in den freien Teil der Stadt zu gelangen, wird mit Waffengewalt verhindert – im Todesstreifen entlang dieser Mauer werden über 140 Menschen sterben.

Zu dieser Zeit, wir sind im Jahr 1970, arbeite ich in einer besonderen Dienststelle der Landespostdirektion, die ihren Sitz im Zentralen Briefverteilamt Berlin 11 in Kreuzberg hat.

Von meinem Büro aus, blicke ich direkt auf das Portikusfragment des ehemaligen Anhalter Bahnhofs. Gehe ich vom Askanischen Platz nur ein paar Schritte die Stresemannstraße hinauf, endet mein Weg abrupt an der Todesmauer. Wenn ich dann noch die wenigen Stufen zu der dort errichteten Holzplattform emporsteige, kann ich sogar hinüberschauen, zum Potsdamer Platz. Wer sich in einem solchen Moment an die Bilder vor dem Krieg, an dieses pulsierende, quirrelige Zentrum erinnert und jetzt auf diese lebensfeindliche Einöde blickt, der möchte am liebsten laut heulen – ändert aber nichts.

Wie das gallische Dorf bei Asterix und Obelix lag dieses kleine West-Berlin inmitten der DDR. Wer hinein oder heraus wollte, hatte nur zwei Möglichkeiten: auf dem Landweg über die Interzonenautobahn mit allen nur denkbaren Schikanen der sogenannten *Grenzorgane der DDR* oder auf dem Luftweg mit einer der drei Berlin anfliegenden alliierten Fluggesellschaften PANAM, British Airways und Air France.

Diese Einschränkungen betrafen nicht nur die West-Berliner und jene, die sie besuchen wollten. Sie belasteten auch den gesamten Postverkehr von und nach West-Berlin. Diese Situation stellte nicht zuletzt die West-Berliner Unternehmen vor besondere Herausforderungen.

Sie litten ohnehin unter dem Standortnachteil gegenüber ihrer Konkurrenz im Bundesgebiet. In einer Zeit, die noch keinen digitalen Nachrichtenaustausch kannte, waren deshalb schnelle, zuverlässige Postverbindungen ein Garant für den Fortbestand und die Weiterentwicklung der West-Berliner Wirtschaft.

Meine Aufgabe und die meiner vier Kollegen in der *Kursstelle von Berlin 11* bestand nun darin, verlässliche und schnelle Verbindungen zu Land und in der Luft zu organisieren und damit für einen sicheren Nachrichtenaustausch zu sorgen. Auf dem Landweg war unsere Kreativität sehr eingeschränkt, denn es gab nur die beiden Militärzüge, einen der Amerikaner und einen der Briten, die ohne jede Kontrolle das Gebiet der DDR passieren konnten. Der Luftweg, die zweifellos schnellere, wenn auch teurere Variante, eröffnete uns dagegen erheblich größere Gestaltungsmöglichkeiten.

Deshalb standen nahezu jede Woche Treffen mit Vertretern der drei Air-Lines auf unserem Programm. Das Aushandeln von Frachtkontingenten, die Übergabeverfahren und -zeiten sowie die Aufklärung, warum Postsendungen an einem der bundesdeutschen Flughäfen, in Tempelhof oder Tegel, liegen geblieben waren, nicht die verabredeten Flüge und geplanten Anschlüsse erreicht hatten.

Die Hauptlast des Postverkehrs zwischen West-Berlin und dem Bundesgebiet trugen zwei Nachtfrachtflüge von PANAM. Diese beiden Verbindungen waren sehr ungewöhnliche Konstruktionen im innerdeutschen Postverkehr und nur mit dem politischen Status West-Berlins zu erklären. 1961 hatte die Deutsche Bundespost damit begonnen, für das gesamte Bundesgebiet ein Nachtluftpostnetz aufzubauen. Das Zentrum dieser neuen Logistikkette war der Flughafen Frankfurt am Main. Maschinen der Lufthansa starteten in den Nachstunden von den Flughäfen Hamburg, Bremen, Hannover, Köln, Düsseldorf, Nürnberg, Stuttgart und München. Sie brachten die Postsendungen aus ihrem jeweiligen Einzugsgebiet nach Frankfurt am Main. Dort fand kurz nach Mitternacht der Ladungsaustausch untereinander statt. Jede Maschine kehrte mit der Briefpost, die für Empfänger ihres Einzugsgebiets bestimmt war, zum Heimatflughafen zurück.

West-Berlin war politisch betrachtet, kein Bestandteil der Bundesrepublik. Folgerichtig besaß die Lufthansa in West-Berlin keine Start und Landerechte. Nur dieses ungewöhnliche Einbinden der beiden Flüge PA 723/724 vom Flughafen Tempelhof aus sicherte auch West-Berlin eine gleichwertige Postversorgung. An den Werktagen von Montag bis Freitag wurden in den Abendstunden, zwischen 22.00 und 22.30 Uhr, fast 90 Prozent des gesamten West-Berliner Postaufkommens vom Zentralen Briefpostamt Berlin 11 mit Lkws zum Flughafen Tempelhof transportiert. Dort übernahm das Bodenpersonal der Fluggesellschaft die Post und verlud sie in die zum Abflug nach Frankfurt am Main bereitstehende Maschine – Flug-Nr. PA 723. Die Sitzreihen hatte man zuvor ausgebaut. Jetzt wurden dort, wo noch vor wenigen Stunden Fluggäste gesessen hatten, blaue und grüne Postbeutel eingelagert und mit Netzen gesichert. Die blauen Beutel enthielten klassische *Luftpostsendungen,* in den grünen Beuteln wurden die normalen, zuschlagfreien Briefsendungen befördert. Innerhalb dieses kleinen Zeitfensters nach 22 Uhr mußten Verladung und Start erfolgt sein, weil ein Start der Maschine nach 23 Uhr nicht mehr möglich gewesen wäre. Vermutlich existierte eine Vereinbarung zwischen den drei Westmächten und den Sowjets, nach der es innerhalb eines bestimmten Zeitabschnitts keine Flugbewegungen in den Berliner Luftkorridoren geben durfte.

Es war immer wieder ein faszinierendes Schauspiel, wenn in diesen wenigen Minuten über 400 Briefbeutel aus den acht bis zehn Lkws, die auf dem Vorfeld der Halle in einem Halbkreis um das Flugzeug herum standen, in atemberaubender Geschwindigkeit in den Innenraum der Maschine wanderten. Die Männer rannten, schleppten und wirbelten zwischen den Trucks und dem Flugzeug wie Ameisen auf dem gleichnamigen Haufen herum. Obwohl es dem unbeteiligten Beobachter als chaotisches Durcheinander erschienen wäre, haben und hatten beide Choreografien eine sinnvolle und damit erfolgreiche Struktur.

Ich selbst griff nur mittelbar ein, indem ich – abgestimmt mit PANAM – das geordnete Anfahren unserer Lkws auf den Ladepositionen gewährleistete. Ich spürte jedes Mal ein kleines Glücksgefühl, wenn der Pilot die Motoren endlich startete und das Flugzeug anschließend langsam in Richtung Startbahn rollte.

Meine Nachtschicht begann abends um 22 Uhr und endete morgens um 6 Uhr. Als ich das erste Mal diese

Einsatzzeit las und die mitfühlenden, aufmunternden Kommentare meiner Kollegen hörte, hatte ich dafür nur ein müdes, verständnisloses Lächeln. Ich war – davon war ich in diesem Moment überzeugt – der geborene *Nachtmensch. Nachtschicht* war mein zweiter Vorname.

Noch vor wenigen Jahren zog ich, damals noch frische neunzehn oder zwanzig Jahre alt, an den Wochenenden durch die West-Berliner Saloons von Rolf Eden, die *Eierschale*, das *Riverboat* oder, sollte es mal etwas seriöser sein, ins *Palais am Funkturm*. Stets mit dem Ziel, in den nun folgenden Abend- und Nachtstunden bei einer Blondine, Brünetten oder vielleicht auch Rothaarigen erfolgreich zu landen. Wenn ich dann nach einer solchen Nacht, mit meinem restlichen Bargeld – es reichte immer nur für diese eine letzte Fahrt – meine *Eroberung* nach Hause geleitete, lag stets ein langer Spaziergang durch die noch tief im Schlaf liegende Stadt vor mir. Von Tempelhof, Charlottenburg oder Schöneberg ging es dann zu Fuß nach Steglitz. Ich empfand meine Situation keineswegs als unangenehm. Studentenjahre sind halt keine Herrenjahre. Meine überschaubare Haushaltslage störte mich in diesen Momenten überhaupt nicht, denn der Weg, es konnten locker zwei Stunden und mehr werden, durch die nun menschenleeren Straßen und Parks meiner Stadt war einfach wunderbar. Die klare Morgenluft, diese Ruhe und Friedlichkeit einer schlafenden Millionenstadt ... für mich totale Entspannung und Genuss.

Bei solchen Erfahrungen, war für mich völlig klar: *Nachtschicht* ... das geht aber so was von geschmeidig ... das mache ich mit *links*. Die Realität sollte mich jedoch schneller als gedacht einholen. Es war fraglos ein Unterschied, ob man bei guter Musik und in Gesellschaft eines hübschen Mädchens die Nachstunden verbringt oder in einem düsteren Büro mit dem in die Jahre gekommenen Mobiliar. Hatte der Kaffee aus der Thermoskanne noch gegen Mitternacht Geschmack und belebende Wirkung entfaltet, fehlte ihm jetzt, nur eine Stunde später, nahezu alles. Nicht nur mein Körper, sondern auch meine Geschmacksrezeptoren waren in den *Stand-by-Modus* übergewechselt.

Zu meinen weniger amüsanten Aufgaben während der Nachtschichten, gehörten auch einige Kontrollgänge durch die Betriebsräume des riesigen Baus an der Möckernstraße. Bei allen Beteiligten kommt wenig Freude auf, wenn man über Mitarbeiterinnen und Mitarbeiter in eindeutig zweideutiger Situation stolpert und Flaschen mit *geistigen Getränken* dort auftauchen, wo sie absolut verboten sind. Ich wiederhole mich nur ungern: Das macht, bei keinem der Beteiligten, gute Laune.

Ein wichtiges Ereignis stand in dieser Nacht aber noch an, hielt die Spannung hoch, bekämpfte die immer spürbarer heranschleichende Müdigkeit. Es war die von allen mit Spannung erwartete Rückkehr des Nachtfrachtflugs PA 724 aus Frankfurt am Main. Besonders in den Herbstmonaten – heute war der 27. Oktober – konnte die Wetterlage im Bereich des Flughafens Tempelhof zu einem entscheidenden Faktor werden. Ich hatte es leider schon einige Male erlebt, dass die Maschine wegen schlechter Sicht dort nicht landen konnte und nach Tegel, dem französischen Militärflughafen, umgeleitet werden musste. Die längere Fahrt von Kreuzberg nach Tegel, die nicht routinierten Abläufe beim Entladen des Flugzeugs warfen in einer solchen Nacht den gesamten Zeitplan im Zentralen Briefpostamt Berlin 11 über den Haufen. An einem solchen Tag konnte es durchaus geschehen, dass nicht alle Empfänger in West-Berlin ihre Post erhielten ... für die Unternehmen der Stadt eine mittlere Katastrophe.

Immer wieder starrte ich auf mein Telefon, blickte sorgenvoll aus dem Fenster. Endlich klingelte es. Am anderen Ende der Leitung war mein Kollege, der sein Büro am Flughafen in Frankfurt am Main hatte. „Hallo Karl, wie ist es bei euch gelaufen?“ „Du, hier ist alles glattgegangen. Alle Maschinen sind pünktlich gestartet ... eure selbstverständlich auch. Wenn alles normal läuft, müsste der Vogel bei Euch in Tempelhof gegen 03.10 Uhr landen. Ihr könnt euch auf 3,2 t Briefpost einstellen.“ Damit war die erste Hürde schon einmal genommen. Jetzt musste nur noch das Wetter mitspielen. Auch für diesen Fall hatte ich einen Kontakt: Henry, den Boss der Ladecrew von PANAM. Nachdem ich die erste Information aus Frankfurt am Main an alle Schichtleiter weitergegeben hatte, rief ich in Tempelhof an. „Hallo Henry, wie sieht‘s bei euch aus? Wie viele Tassen Kaffee haste dir denn heute schon reingezogen?“ Henry lachte ... „Nee, nee, kein Kaffee. Hab‘ mich heute mal an Coke gehalten.“ Hätte ich vielleicht auch besser tun sollen, sagte ich aber nicht. „Sag‘ mal gibt es schon eine Wetterprognose für die Landezeit nach 3.00 Uhr?“ „Ja, hab‘ vor ein paar Minuten mit dem Tower gesprochen. Also zurzeit haben wir zwar so‘n bisschen Bodendunst, sollte aber alles stabil bleiben. Der Vogel wird hier in einer guten halben Stunde ohne Probleme aufsetzen können.“ „Na Klasse ... dann sehen wir uns ja gleich.“

Die Dunstschicht, von der Henry gesprochen hatte, war genau jener Grund für mein Unbehagen, das mich in der letzten Stunde bei jedem Blick nach draußen beschlichen hatte. Ich beschloss, wie ich das immer in solchen Nächten getan hatte, etwas früher zur Frachthalle des Flughafens zu fahren. Es herrschte dort in dieser Phase der Nacht eine ganz ungewöhnliche Atmosphäre. Wenn dort noch alles ruhig war und keine Techniker, niemand von der Entlademannschaft herumwuselte, keine Lkws mit laufenden Motoren startbereit warteten.

Ich parkte meinen Wagen am westlichen Rand des Flughafenareals und betrat kurz darauf die Frachthalle. Noch brannte kein Licht. Im Halbdunkel konnte ich, nur schemenhaft, die ausgebauten Sitzreihen an der Wand, die Gangway sowie technische Geräte für die spätere Entladung und Wartung der Maschine mehr erahnen als erkennen. Mein Blick wanderte nach vorne auf das Vorfeld zu der im leichten Bodendunst liegenden Landebahn. Die Müdigkeit und der Wind ließen mich frösteln. Ich schlug meinen Mantelkragen hoch, zog den Hut noch etwas tiefer ins Gesicht. Es war so still ... man hätte in diesem Augenblick die oft zitierte Stecknadel fallen hören können.

Obwohl ich diese Situation nun schon viele Male erlebt, ihren besonderen Reiz auch genossen hatte, zogen in diesem Moment, völlig ansatzlos und unerwartet, Bilder des alten Filmklassikers *Casablanca* an meinem geistigen Auge vorüber. Viele werden sich an jene berühmte Szene erinnern, als sich Humphrey Bogart, alias Rick Blaine, und Ingrid Bergman, in der Rolle der Ilsa, am Rande des Vorfeldes – ein Flugzeug wartet im Hintergrund – voneinander verabschieden. Ein Liebespaar, das sich in diesem Moment trennt, weil Ilsa fliehen muss. Und dann ... ja dann sagt *Bogi* diesen Satz, der in der Folge Kultstatus erlangen sollte: „Schau‘ mir in die Augen Kleines.“

Gut ... auch ich stand an ähnlicher Stelle, hatte ebenfalls den Mantelkragen hochgeschlagen, trug auch einen Hut. Aber ich war allein ... weit und breit keine Ilsa, auch von Ingrid Bergman keine Spur. Ich war so stark in meinen Traumbildern gefangen, dass mich erst die langsam ausrollende Maschine in die Realität zurückholte. Auch in der Halle war ich inzwischen nicht mehr allein. Techniker, Entlademannschaft – alle waren sie da. Als ich mich umsah, stand Henry grinsend hinter mir. „Hey Mann ... du warst ja richtig weggetreten, hast uns überhaupt nicht kommen hören.“ Er sah mich prüfend an. Den Brüller *Schau mir in die Augen Kleiner* verkniff ich mir jedoch. Die Reaktion all derer, die meine Bemerkung mitbekommen hätten, wäre wohl unkalkulierbar gewesen.

Hätte ich in diesem Moment einen Spiegel zur Hand gehabt und dort hineingeschaut ... ich hätte in ein blasses, übermüdetes Gesicht mit leicht geröteten Augen geblickt. Ich habe in keiner der folgenden Nächte – und es gab noch einige – auch nur annähernd vergleichbar Surreales wiedererlebt.

Die Glienicker Brücke

Es ist Sommer. Wir sind im Jahr 1990. Vor einigen Monaten ist die Mauer gefallen, Berlin, meine Stadt, ist nicht mehr geteilt.

Meiner Freundin, die 1984 aus Flensburg zu mir nach Berlin gezogen ist, und meinen beiden Töchtern, 1967 und 1971 geboren, habe ich immer versucht zu beschreiben, wie schön dieser andere Teil unserer Stadt und ihre herrliche Umgebung sind. Ich habe mir diesen Glücksfall unserer Geschichte nicht wirklich vorstellen können. Jetzt fahren wir auf die andere bisher verschlossene Seite Berlins. Jetzt können sie all das selbst sehen und erleben, von dem ich stets so geschwärmt habe.

Nach dem Fall der Mauer, habe ich nach und nach versucht jenen Bereich meiner Stadt, der mir nahezu dreißig Jahre lang unerreichbar erschien, langsam wieder zurückzugewinnen.

Ich suchte vor allem jene Orte auf, an denen ich einen großen Teil meiner Kindheit verbracht hatte. Den Zeiler Weg in Pankow, denn dort bin ich aufgewachsen. Die Seelenbinderstraße in Köpenick, denn dort hatten meine Großeltern gewohnt und dort bin ich auch auf die Welt gekommen.

War mein Großvater nicht zu Hause, lief ich zum gegenüber gelegene Bellevue-Park. Ich wusste genau, wo jene Bank stand, auf der mein Opa stets eine Pause nach seinem Spaziergang einlegte. Sowohl der Hof im Zeiler Weg, er war bis zu meinem 13. Lebensjahr mein Spielplatz, der tägliche Treffpunkt mit meinen Freunden gewesen, als auch der Park in Köpenick blieben mir auf unerklärliche Weise fremd. Die Begegnungen mit diesen Orten meiner Kindheit lösten in mir eher Wehmut als Freude an weit zurückliegenden Tage aus.

Die sichtbaren Spuren dieser furchtbaren Grenze verschwanden schneller als das Trauma, das sie bei vielen von uns hinterlassen hatte. In den wenigen Monaten, die seit dem Fall der Mauer inzwischen vergangen waren, hatte sich die Natur die mörderische Schneise durch meine Stadt mehr und mehr zurückerobert. Wenn wir jetzt mit dem Fahrrad an der ehemaligen Grenze zwischen Zehlendorf und Kleinmachnow entlangfuhren, musste man schon sehr genau hinschauen, wenn man deren Verlauf eindeutig wiedererkennen wollte.

Ich arbeite seit vielen Jahren nebenberuflich als Volleyballtrainer. Deshalb verwundert es auch nicht, dass ich mich stets von der Devise *Der Weg ist Ziel* hab leiten lassen. Jetzt, nach dem 9. November, wollte ich deshalb weniger zurück als nach vorne schauen. Eines meiner neuen Ziele sollte der sportliche Austausch, der Leistungsvergleich mit der *anderen Seite*, der ehemaligen DDR, sein.

Nach 1945 entwickelte sich Volleyball in den beiden Teilen unseres Landes sehr unterschiedlich. Während die Sportart in der DDR, stark beeinflusst durch die frühere UdSSR und die anderen Statten des *Ostblocks,* gefördert wurde, verlief die Entwicklung in der Bundesrepublik und in West-Berlin erheblich langsamer. Bei den Olympischen Spielen in Mexiko 1968 erreichte die Männermannschaft der DDR einen hervorragenden vierten Platz. Besonders deutlich trat der Unterschied zwischen Ost und West dann 1972 bei den Olympischen Spielen in München zu Tage. Die Männermannschaft der DDR gewann die Silbermedaille; die bundesdeutschen Teams blieben sportlich völlig bedeutungslos.

In meiner Mannschaft gab es bereits vor dem Mauerfall durchaus positive Veränderungen. Zwei Saisons lang spielten zwei Studentinnen, eine aus den USA, die andere aus Brasilien, in meiner Mannschaft. Der sportliche Gewinn für uns war enorm, weil diese jungen Frauen im Training wie im Wettkampf großen Ehrgeiz und eine unglaubliche Sieger-Mentalität an den Tag legten.

Als die beiden Spielerinnen wieder in ihre Heimat gingen, gab es viele Tränen. Sie nahmen als Erinnerung an uns ihre Trikots mit, und wir hatten zwei bemerkenswerte junge Frauen erlebt, behielten viel von ihrem Optimismus und der Leidenschaft für diesen Sport zurück.

Kurz nach dem Fall der Mauer, begann ich über den Berliner Volleyballverband nach möglichen Kontakten zu einer Mannschaft im östlichen Teil unserer Stadt zu suchen. Es gab zwei Motive: Das erste bestand darin, eine weitere, in diesem Fall die sportliche Seite meiner ungeteilten Stadt kennen zu lernen. Das zweite war die Herausforderung, sich mit dem Leistungsstand des Volleyballs der ehemaligen DDR zu messen.

Von einem Mitarbeiter der Geschäftsstelle des Berliner Volleyballverbandes kam ein auf den ersten Blick ungewöhnlicher Vorschlag: Nicht wie erwartet in Berlin-Ost, nein, ich sollte es doch mal mit Potsdam versuchen. Sie hatten auch gleich einen Kontakt und eine Telefonnummer für mich. Von diesem Augenblick an, gab es noch ein drittes Motiv.

Ich lebe in Zehlendorf, und meine Radausflüge in Richtung Potsdam endeten bis zum 9. November 1989 stets an der Glienicker Brücke. Bog man vor der Brücke rechts ab, fuhr am Havelufer entlang, konnte man beim Blick nach *drüben,* die Saakrower Heilandskirche sehen. Mehr nicht. Und jetzt – ich würde zum ersten Mal in meinem Leben über jene Brücke nach Potsdam fahren können, auf der während des *Kalten Krieges* Agenten zwischen Ost und West ausgetauscht worden waren. Diesmal sollte es mehr sein als nur der Blick auf die fernen Konturen der Saakrower Kirche.

Mein euphorischer Gedankenflug wurde jedoch je ausgebremst: Dein Plan wird nicht in einem Alleingang funktionieren. Du musst zuerst mit deinen Spielerinnen sprechen. Ich mit meiner Ost-West-Biografie. In Köpenick geboren, in Pankow aufgewachsen und zur Schule gegangen, einen Teil meiner Kindheit in der DDR gelebt. In West-Berlin das Gymnasium besucht und 1955 in den Westteil unserer Stadt gezogen. Ich war *on fire* für diese Tour. Aber meine Spielerinnen? Junge Frauen zwischen 18 und 22, in West-Berlin geboren, ohne einen persönlichen Bezug zur DDR, Transitreisen mit entsprechenden Grenzkontrollen einmal ausgenommen.

Sie kennen das aus der Familie, sofern sie Töchter haben. Oder vom Arbeitsplatz, wenn dort auch Kolleginnen im Einsatz sind. Wenn sich zwei Frauen begegnen – noch spürbarer wird es, sollten es mehrere sein –, verändert sich die Stimmung schlagartig. Der Geräuschpegel steigt nicht nur deutlich an, sondern ihre Fröhlichkeit und ihr schier grenzenloses Bedürfnis sich einander mitteilen zu wollen, erzeugen in ihrem Umfeld im weiteren Verlauf eine gelöste, heitere Stimmung. Das gilt besonders für junge Frauen, die Sport treiben. Meine Spielerinnen standen in der Tabelle *Gute Laune und Feiern* ganz weit oben.

Es ist Donnerstagabend, 19 Uhr. Ich bin in der Sporthalle, denn heute ist Volleyballtraining. Ich bin immer der Erste. Die Räume kurz checken, das Material, Netz und Bälle aus den Schränken in die Halle bringen.

Die Damen-Umkleidekabine ist durchaus einige Meter von der Sporthalle entfernt, dennoch: Ich kann sie hören, ihr Lachen, ihr aufgeregtes Reden, die ganz normale Geräuschkulisse vor einem Trainingsbeginn. Mein erster Eindruck, sie sind wie immer gut drauf und genauso locker, und wie immer auch ein bisschen herumalbernd kommen sie dann in die Halle. Der Trainingsbeginn ist jedoch für alle heute etwas anders. „Das Einlaufen und Aufwärmen lassen wir heute weg. Ich möchte mit euch gerne etwas besprechen."

Nach dieser Eröffnung wird es schnell ruhig, die Blicke sind neugierig, hier und da vielleicht auch ein wenig nervös. Wenn das Ganze schon mit einer Ansage vom Trainer losgeht ... Nicht selten stehen dann kritische Anmerkungen zum letzten Spieltag oder zur Trainingsbeteiligung auf der Agenda. Nichts davon heute, denn es geht allein um Potsdam und meine Idee mit dem Ausflug in die neue freie Welt. Ich bin überrascht, wie positiv, ja wie begeistert meine *Mädels* reagieren. Hier geht's nicht mehr um das OB, sondern ausschließlich um das WANN.

Mein Kontakt heißt Martin. Er ist Sportwissenschaftler und Dozent an der Uni Potsdam. Er trainiert die Frauenmannschaft des USV. Schnell sind wir uns beide darin einig: Meine Idee ist gut, das Freundschaftsspiel sollte auf einen unserer gemeinsamen Trainingstage gelegt werden. Meine Bedenken, keiner von uns kenne sich in Potsdam aus, wir würden dort wie Falschgeld herumirren, räumt Martin ganz entspannt aus. „Wenn ihr am Spieltag in Richtung Potsdam fahrt, müsst ihr über die Glienicker Brücke. Am Ende der Brücke wird eine meiner Spielerinnen auf euch warten. Ihr werdet sie leicht erkennen, denn sie wird einen Volleyball in der Hand halten."

Inzwischen ist es Herbst geworden. Als wir uns am Tag des Freundschaftsspiels treffen, ist es bereits dunkel. Meine Spielerinnen haben Fahrgemeinschaften gebildet. Wir treffen uns in der Potsdamer Chaussee, kurz vor der Abfahrt zur Avus. Im Konvoi geht's weiter in Richtung Wannsee, zur Glienicker Brücke. Ich fahre an der Spitze unserer kleinen Wagenkolonne. Meine innere Unruhe steigt, je näher wir der ehemaligen Grenze kommen. „Hast du das richtig gemacht? War das vielleicht doch verfrüht, zu übereilt? Wie werden die Potsdamer reagieren?" Doch bei all den Zweifeln, die Neugier und die Vorfreude sind weitaus stärker.

Als wir in Höhe des Schlossparks Glienicke angelangt sind, nur noch wenige Meter von der Glienicker Brücke entfernt, empfängt uns eine gespenstische Stimmung. Bisher war die Straße gut ausgeleuchtet, selbst wenige Meter vor der Brücke noch helle Laternen. Auf ihr selbst stehen auch einige davon, dennoch ist sie in ein diffuses Schummerlicht getaucht. Die Ursache? Es sind jene Laternen, die nur lustlos vor sich hin funzeln. Die unter ihnen liegende Fahrbahn und das Brückengeländer sind nur schemenhaft zu erkennen.

Als ich vorsichtig weiterfahre, taucht im Scheinwerferlicht meines Wagens am Ende der Brücke eine schlanke Gestalt auf. Beim Näherkommen erkenne ich nicht nur eine junge Frau, sondern auch den Volleyball in ihrer Hand. Es ist, wie von Martin versprochen, eine Spielerin seiner Mannschaft. Sie begrüßt uns in etwa so, als kämen wir direkt aus *Cottbus* und nicht aus jenem Teil Berlins, der noch vor wenigen Monaten das Gebiet des imperialistischen Klassenfeindes, für die meisten DDR-Bürger jedoch ein unerreichbarer Sehnsuchtsort gewesen war. Jene Euphorie, die uns seit dem Fall der Mauer bis heute nicht so recht loslassen will, lässt diese junge Potsdamerin, vermutlich unbewusst, einfach nicht zu. Wie gesagt, sie ist freundlich und emotional.

Wie die Fahrt über jene düstere Brücke, so trostlos ist auch die erste Strecke des Wegs zur Sporthalle. Alles ist dunkel, wirkt wie ausgestorben. Erst kurz vor der alten Post, einem ehrwürdigen Bau aus der Kaiserzeit, wird es heller, auch ein wenig belebter. Als wir die Halle erreichen und aussteigen, bin ich etwas irritiert, weil meine Spielerinnen nicht nur ihre Sporttaschen schultern, sondern ein paar Beutel und Behältnisse tragen, die keineswegs zu ihrer üblichen Sportausrüstung gehören. Ihr Inhalt wird wenig später noch eine besondere Reaktion auslösen. Meine Spielerinnen verschwinden in der Umkleidekabine, und ich betrete die Halle.

Mein erster Eindruck – in dieser Halle kann man problemlos Tischtennis aber auf keinen Fall Volleyball spielen. Stellen sie sich einfach vor, sie befinden sich bei irgendeinem Discounter, dann haben sie in etwa einen Eindruck von der Höhe unseres Spielortes. Zum Vergleich: Eine normale Sporthalle ist fast drei Mal so hoch. Das in die Jahre gekommene Netz, die leicht angeranzten Volleybälle – diese Ausrüstung hätte bei uns schon vor längerer Zeit den Weg in den Freizeitvolleyball gefunden. Entscheidend ist jedoch nicht wie dieses Material beschaffen ist. Viel wichtiger ist, was du damit auf die Platte bringst.

Martin ist ganz locker und geschmeidig, begrüßt mich freundlich. Auch hier erreichen wir auf der Gefühlsskala nur den Wert *Cottbus.*

Als meine Spielerinnen in die Halle kommen, drückt die Höhe des Spielortes spürbar die Vorfreude auf die anstehende Begegnung, nicht aber auf ihre ausgelassene Grundstimmung.

Für mich selbst, war die Situation sehr speziell. Ich war in unterschiedlichen Gefühlswelten unterwegs. Unendliche Freude über den Fall der Mauer und die wiedergewonnene Freiheit. Auch ein wenig Stolz auf meine Initiative, mit dem heutigen Freundschaftsspiel in Potsdam einen eigenen kleinen Beitrag zur neuen Normalität zwischen Ost und West leisten zu können. Dankbarkeit aber auch gegenüber den Potsdamern, dass sie sich darauf eingelassen hatten und mir diese Chance boten.

Ich hatte deshalb, um etwas von meinen Emotionen zeigen zu können, einen Strauß kleiner Rosen mitgebracht. Als die Potsdamer Spielerinnen in die Halle kamen, habe ich mich bei jeder einzelnen mit einer Rose bedankt. Im ersten Moment überrascht, haben sie sich natürlich über diese kleine Geste gefreut. Ich denke, sie haben erst sehr viel später wirklich begriffen, was mir dieser Augenblick tatsächlich bedeutet hat.

Nach dem Einspielen wird mir schnell klar: Unter diesen Voraussetzungen kann ich mir meinen erhofften Leistungsvergleich Ost-West abschminken. Die Stimmung unter meinen Spielerinnen ist trotzdem super, die Potsdamerinnen wirken cool und abgeklärt.

Die Geschichte des Spiels ist kurz und schmucklos. Aus unserer Sicht. Auch unsere neuen Volleybälle und meine Rosen änderten daran nichts. Wir gewinnen nicht einen Satz. Die Reaktion meiner Spielerinnen nach der deutlichen Niederlage ist ungewöhnlich entspannt, keine ist geknickt. Im Gegenteil. Jetzt drehen sie erst richtig am Rad. Plötzlich sind auch all die merkwürdigen Behältnisse, die mir beim Aussteigen aufgefallen waren, in der Halle.

Meine Frauen hatten schon damals so etwas wie *Willkommenskultur* für sich entdeckt. Vielleicht war es auch nur, so wie bei mir, die *Wiedersehensfreude.* Obwohl wir in diesem Fall die Gäste waren, spielte diese Feinheit der Auslegung an diesem Abend für meine Spielerinnen keine Rolle.

So, wie ich das von unseren kleinen Siegesfeiern her kannte, hatten sie blitzschnell Bänke und Kästen nicht nur mit Servietten, sondern auch mit Speis und Trank dekoriert. Trank steht hier als Synonym für Sekt.

Für einen Moment, war die Situation überraschend kompliziert. Die Potsdamerinnen wollten abbauen, aufräumen und nach Hause, meine Frauen Mauerfall und Wiedersehen feiern. In diesem Fall mit den *Schwestern* von jenseits der ehemaligen Grenze. Meine Mädels naiv und voller Freude. Die Sicht der Potsdamerinnen: Die Wessis denken wohl, wir brauchen hier Care-Pakete. Nach meiner Erinnerung hat es Martin, ich weiß heute nicht mehr wie, irgendwie geschafft, seine Spielerinnen dann doch in den Party-Modus zu hieven. Es wurde noch ein sehr schöner Abend, an dessen Ende sich alle versprachen: Das war nicht unser letztes Treffen!

An diesem Tag habe ich nicht nur zum ersten Mal, auf der Rückfahrt sogar ein zweites Mal die Glienicker Brücke überquert, sondern völlig unerwartet in Martin einen neuen, sehr guten Freund gefunden.

Das Wassersportobjekt

Als die Mauer fiel und wir endlich nicht nur die schönen Landschaften unserer bis dahin verschlossenen neuen Heimat kennenlernten, zeigte sich, dass die Zeit der Trennung auch an unserer gemeinsamen Muttersprache diesseits und jenseits der ehemaligen Grenze nicht spurlos vorübergegangen war. Während der *Broiler* schon vor dem Mauerfall, ohne einen einzigen Flügelschlag, über die Grenze flog, jedoch in der BRD-Sprachkultur nicht heimisch werden konnte, lernten wir *Wessis* jetzt die eine oder andere neue Wortschöpfung zwischen Rhein und Oder kennen. Wenn ich beruflich zu einem *Meeting* nach Halle, Dessau oder Leipzig fuhr, hörte ich oft: Die *Beratung*, also unser Meeting, würde sich um ein paar Minuten verzögern. Unsere Arbeitsgruppe mutierte dann schnell mal zu einem *Projekt*. Am Anfang noch etwas gewöhnungsbedürftig, wurden diese neuen Begriffe jedoch auch für uns mehr und mehr zur Routine.

Nur wenige Monate nach dem 9. November hatte ich bei einem Freundschaftsspiel meiner Volleyballmannschaft in Potsdam, Martin, den Trainer unseres Gegners, kennengelernt. Aus dieser ersten Begegnung entwickelte sich schnell eine Freundschaft zwischen uns. Es dauerte auch nicht lange und wir waren zu viert, denn unsere Frauen verstanden sich genauso gut wie wir beide. Wir unternahmen vieles gemeinsam. Lernten Potsdam besser kennen, verbrachten schöne Abende auf unserer Terrasse bei leckerem Essen und ein paar guten Tröpfchen.

Fünf Jahre waren auf diese Weise ins Land gegangen. Jetzt war es wieder Sommer. Martin rief zu Beginn der

Woche an. „Was hältst du davon, wenn wir am Wochenende – das Wetter soll ja so schön bleiben – gemeinsam mit unseren Frauen eine Paddeltour unternehmen. Ich kann im *Wassersportobjekt* unserer Uni zwei Boote organisieren. Wir könnten dann von Hermannswerder aus um Potsdam herum in Richtung Glienicker Brücke und Saakrower Kirche paddeln. Mal seh'n, wie weit wir kommen." *Wassersportobjekt* – da war sie wieder – eine Wortschöpfung à la DDR. Bei Martins Anruf spielte diese kleine Randnotiz natürlich keine Rolle. Für Ingrid, in Flensburg zwischen Nord- und Ostsee aufgewachsen, sind Wasser, Strand und Weite die zweite Luft zum Atmen. Martins Vorschlag war super, und wir waren sofort einverstanden. Wir sind beide sportlich, fahren Rad, spielen Tennis und Volleyball, da sollte es mit dem Paddeln überhaupt keine Probleme geben. Vor meinem geistigen Auge zogen in diesem Moment jene Fernsehbilder der Olympischen Spiele von Barcelona vorüber, wo zwei junge Menschen ihren Kajak-Zweier mit kraftvollem, harmonischem Paddelschlag durch die Wellen gleiten lassen. Ein schönes Bild. Die Realität vom harmonischen Miteinander im Paddelboot sollte uns am Wochenende, jedoch in etwas abgewandelter Form, einholen.

Am Samstagmorgen fuhren wir mit allem ausgestattet, was man für das leibliche Wohl an einem so herrlichen Sommertag benötigt, in Richtung *Wassersportobjekt* Hermannswerder. Unsere Kleidung war leicht und sportlich, Ersatz hielten wir zu diesem Zeitpunkt für unnötigen Ballast. Bei einer sachlicheren Einschätzung unserer wassersportlichen Erfahrungen wäre ein anderer Ansatz nicht nur naheliegend, sondern durchaus hilfreich gewesen.

Martin erwartete uns an der Zufahrt zum *Wassersportobjekt* und wies uns einen Parkplatz zu.

Die Begrüßung von uns vieren war wie immer herzlich. Alle waren voller Vorfreude auf die anstehende Paddeltour. Wir gingen zu den Booten, die am Steg im Wasser lagen. Bevor es nun richtig losgehen sollte, gab uns Martin noch eine kleine Einweisung. „Die Mädels sitzen vorne, sie geben den Schlagrhythmus vor. Die Paddelblätter stehen in einem leichten Winkel zueinander. Denkt bitte daran, dass ihr den Griff nach jedem Zug vor dem Einsetzen leicht drehen müsst, damit das Blatt auch Wasser fassen kann. Ihr müsst das Blatt gut eintauchen, sonst bekommt euer Boot keinen Vortrieb. Alles klar?“ Wir beide nickten artig. „Na dann mal los.“ Renate und Martin bestiegen ihren Kajak, stießen ab und begannen mit harmonisch abgestimmten Schlägen ihre Fahrt. Barcelona mit seinen olympischen Bildern drängte sich mir in diesem Moment nicht unbedingt auf. Dennoch, alles sah sehr professionell und mühelos aus.

Jetzt waren auch wir an der Reihe. Einsteigen, Spritzschutz überziehen, Paddel fassen und abstoßen. Na bitte, geht doch! Es kann durchaus sein, dass Ingrid Martins Ausführungen etwas anders gedeutet hatte, denn die Frequenz ihrer Paddelschläge sowie die Eintauchtiefe des Blattes wichen deutlich von seinen Vorgaben ab. Ihre Schlagfrequenz wäre einem Kajak-Sprint durchaus gerecht geworden. Weitaus belastender war jedoch die Eintauchtiefe des Paddelblattes. Sie griff nicht das Wasser, vielmehr streichelte sie es. Aus humanistischer Sicht gewiss aller Ehren wert. Andererseits hatte das Resultat ihrer Paddel-Technik für mich schwerwiegende Folgen. An dieser Stelle will ich nur kurz daran erinnern, dass wir, wie eingangs erwähnt, auf textilen Ersatz verzichtet hatten. Nach nur wenigen Metern – Ingrid schaufelte mit jedem Paddelzug literweise Wasser in meine Richtung – war ich nicht nur pudelnass, sondern konnte, da meine Brille unter den Sturzbächen keinen klaren Blick nach vorne zuließ, weder ihren Schlagrhythmus aufnehmen, noch meiner Aufgabe, das Boot mittels der Fußsteuerung des kleinen Heckruders auf Kurs zu halten, gerecht werden. Der olympische Traum vom geschmeidigen Paddeln im Zweier-Kajak, wie ihn mir meine TV-Bilder vorgegaukelt hatten – nach nur wenigen Metern gnadenlos versenkt!

Ein Kajak verfügt im Gegensatz zum Auto über keine Rückspiegel. Martin und Renate, die entspannt vor uns fuhren, bemerkten erst nach einigen Minuten welch kleines Drama sich hinter ihnen abspielte. Wir waren der Uferböschung inzwischen schon bedrohlich nahegekommen. Da an Ingrids Paddel die Ablaufringe fehlten, hatte auch sie das Wasser nicht verschont. Ich glaube, wir sahen so aus, als hätten wir mit unserem Kajak mal eben eine *Eskimorolle* gedreht. Bei Renate und Martin löste unser Anblick sehr zwiespältige Gefühle aus. Lachen, dass einem die Tränen kommen. Mitleid, weil da zwei völlig neben der Spur sind.

Nach einigen tröstenden und aufbauenden Worten der Freunde sowie unserer treuherzigen Versicherung, jetzt Martins Einweisung ab sofort auch tatsächlich umsetzen zu wollen, starteten wir erneut. Ingrid, jetzt nicht mehr im Propellermodus, zog ruhig und gleichmäßig ihr Paddel. Ich, wie von Martin vorgegeben, nahm den Rhythmus auf, hatte klaren Durchblick, hielt unser Boot auf Kurs. Mit einem Schlag war die Freude über das herrliche Wetter und die gemeinsame Tour wieder zurück. Von den olympischen

Fantasiebildern hatte ich mich ja schon kurz nach unserem Start verabschiedet.

Durch die Neue Fahrt, vorbei an der Freundschaftsinsel, ging es über den Tiefen See am Schlossgarten von Babelsberg vorbei in Richtung Glienicker Brücke. Wir beide paddelten locker und entspannt. Wir sahen die wunderschöne Wasserlandschaft an uns vorüberziehen, entdeckten zahlreiche Reiher auf Pfählen in Ufernähe. Die Glienicker Brücke kam in Sicht. Seit unserem denkwürdigen Volleyball-Freundschaftsspiel 1990 war ich in den vergangenen Jahren mehr als hundertmal über diese vor dem Mauerfall so bedeutsame Verbindung zwischen Ost und West gefahren. In diesem Moment fuhren wir vier, zwei *Ossis* und zwei *Wessis,* unter ihr hindurch. Jetzt war die Sache für mich in jeder Hinsicht perfekt.

Am Schlosspark Glienicke vorbei ging es weiter in Richtung Pfaueninsel. Wir hielten jedoch mehr auf die linke Uferseite zu, und nachdem wir die Saakrower Heilandskirche passiert hatten, entdeckte Martin eine Bucht, die wir direkt ansteuerten. Ein kleiner Strand – nur für uns. Wir zogen die Kajaks auf den Sand, die mitgeführten Picknickkörbe wurden ausgepackt. Ich legte mein nasses Hemd und die Hose zum Trocknen auf unser Boot. Der leckere Inhalt der Körbe musste noch etwas warten, denn es ging erst einmal zu einem erfrischenden Vollbad in die Havel. Anschließend genossen wir unsere kleine Idylle mit dem herrlich weiten Blick über das Wasser. Unsere Stimmung hätte in diesen Minuten nicht besser sein können, obwohl uns das eigentliche Highlight des Tages noch bevorstehen sollte.

Nach dieser erholsamen Rast wurde alles wieder in den Booten verstaut. Wir setzten sie ein und starteten zu unserer Rückfahrt nach Hermannswerder. Ingrid und ich waren jetzt richtig im *Paddel-Flow*. Wieder unter der Glienicker Brücke hindurch, erreichten wir nach einiger Zeit die Alte Fahrt. Diesmal passierten wir die Freundschaftsinsel auf der anderen Seite. Bald tauchte auch der Wassersportkomplex auf Hermannswerder vor uns auf. Wir legten an. Der Tag ging allmählich zur Neige und die Sonne stand inzwischen schon tief. Wir entluden die Kajaks und während Martin und ich gemeinsam die Boote aus dem Wasser holten, sie wieder in den Bootsschuppen trugen, hatten unsere Frauen eine Idee.

Vom Ufer führte ein fast dreißig Meter langer, breiter Holzsteg hinaus auf das Wasser. Schnell fanden Renate und Ingrid einen alten Gartentisch, den sie, dazu vier Klappstühle, an das äußerste Ende des Stegs trugen. Mit den Resten aus unseren Picknickkörben zauberten sie im Handumdrehen ein kleines Abendmenü. Als wir beide aus dem dunklen Bootshaus traten, bot sich uns ein traumhaftes Bild. Inzwischen war jener Zeitpunkt erreicht, an dem die Grenze zwischen dem allmählich schwindenden Tag und dem aufkommenden Abend langsam verschwimmt. Aus einem Meer von Licht und Farben, Gerüchen und Tönen steigen Impressionen auf, die einfach überwältigend sind.

Die Wasseroberfläche wird von der allmählich sinkenden Sonne in einen glitzernden Lichterteppich aus unzähligen funkelnden Diamanten verwandelt. Es entstehen Farben, die kein Maler in dieser Vielfalt und ihren Nuancen auf seine Palette zaubern kann. Die Grenze zwischen dem Holzsteg und der Wasseroberfläche verschwimmt und der gedeckte Tisch, an dem unsere beiden Frauen sitzen, scheint auf unwirkliche Weise über der glitzernden Wasserfläche zu schweben. Ein magischer Moment.

Wir genossen unser kleines Abendmenü. Martin hatte in irgendeinem Kühlschrank noch ein paar Flaschen Potsdamer Rex entdeckt. Dieser wunderschöne Platz auf dem Steg, gestreichelt von der samtweichen Luft und eingehüllt von einer betörenden Lichtflut aus den sich ständig wandelnden Farben. Unter uns schlugen die Wellen der Havel sanft gegen die Holzpfähle des Bootstegs. Ich denke, in einem vergleichbaren Moment muss unserem Altmeister Goethe wohl jener Satz eingefallen sein, den er seinen Dr. Faust sprechen lässt: „Zum Augenblicke dürft‘ ich sagen, verweile doch, du bist so schön..." Richtig – auch für uns blieb dieser Augenblick nicht stehen. Es war schon dunkel, als wir endlich aufbrachen. Dennoch, dieser Abend am Ufer der Havel wird für immer fest in unserer Erinnerung und tief in unseren Herzen bleiben.

Kulturschock

Der Krieg war zu Ende und Berlin, wie auch das Land, von den Siegermächten in vier Sektoren oder Zonen aufgeteilt worden. Die ersten Jahre waren hart, galt es doch zuerst einmal Not, Hunger und soziale Härte zu überwinden. Deutschland war eine Ruinenlandschaft. Berlin war es auch ganz besonders. All das, was für ein Volk Identität bedeutet, die Stätten seiner Kunst und Kultur, alles lag in Trümmern. Der Zusammenbruch des Dritten Reiches, markierte zugleich auch das Ende einer Diaspora, in der sich die humanistischen Werte, unsere abendländische kulturelle Identität befunden hatten. Wer jedoch geglaubt hatte, dass auf die Jahre der Entmenschlichung, dem Verlust von Ethik und Moral, die Katharsis, die Phase der Läuterung folgen würde, sah sich getäuscht.

Der Streit über die Deutungshoheit, der Kampf der Ideologien und damit auch der in der Kunst und Kultur löste den Holocaust und das Gemetzel auf den Schlachtfeldern ab. Suchte man in der ersten Zeit – über alle Zonengrenzen hinweg – noch gemeinsamen nach einem Weg zu den Wurzeln dieses nationalen, ethischen Selbstverständnisses, führte die Gründung der beiden deutschen Staaten, nicht nur zur ideologischen, sondern leider auch zur kulturpolitischen Spaltung unseres Landes.

Als der sowjetische Stadtkommandant mit Befehl vom 16. Mai 1945 den Berliner Bühnen die Theatererlaubnis erteilte, war das der Start zu einer neuen Entwicklung der Kultur in unserer Stadt. Es war, als hätte eine Staumauer ihre Schleusen geöffnet. Noch im selben Monat gaben das Orchester der Staatsoper und die Philharmoniker Konzerte, im Renaissance-Theater hob sich der Premieren-Vorhang für den *Raub der Sabinerinnen.* Im Juni folgten, in noch zerbombten Häusern, die Tribüne und das Deutsche Theater. Die ganze Stadt hatte das Theaterfieber erfasst, Premieren an allen nur möglichen, manchmal an fast unmöglichen Orten. Es schien, als wollte man sich all das, was im *1000-jährigen Reich* verboten, geächtet war, jetzt mit einem Schlag zurückholen.

Für dieses zarte Pflänzchen einer erwachenden Theaterkultur Berlins, gab es jedoch im Schatten der ideologischen, politischen Gegensätze zwischen Ost und West keinen wirklichen Lebensraum. Aber wie in der Botanik, hatte jedes Lager seine eigenen *Ableger gezogen*, die nun unter der jeweiligen weltanschaulichen Pflege wachsen und gedeihen sollten. Unter diesen Einflüssen mutierte Theaterkunst zur kulturpolitischen Waffe zwischen den beiden Lagern. In Berlin, wo sich Ost und West unmittelbar gegenüberstanden, war die Konfrontation besonders groß. Jede Seite, auch gesteuert über die Medien, unternahm alles, um die Theateraufführungen der jeweils anderen Seite zu boykottieren.

Nahezu ein Jahrzehnt lang, hatten Nationalsozialisten darüber entschieden, was in der Kunst, im Theater gut und richtig zu sein hatte oder was als *entartete Kunst* zu diffamieren war. Mit jener aktuellen Form der kulturellen Agitation, bewegten sich die neuen politischen Eliten beider Systeme mit Blick auf unsere jüngste Geschichte auf sehr dünnem Eis. Und die Berliner? Das war unsere Stadt! Was bedeuteten für uns schon Sektorengrenzen und ideologisch geprägte kulturpolitische Propaganda? West und Ost fanden sich für uns nur in den Auslagen der Geschäfte, im Angebot der Restaurants wieder.

Ich fuhr jeden Tag mit dem Fahrrad von Steglitz nach Reinickendorf. Der Grenzübergang Friedrichstraße, die *Vopos*, ihre Kontrollen – für mich wie für all die anderen Berliner eine tägliche Normalität. Ich sah im Theater am Schiffbauerdamm den *Kaukasischen Kreidekreis* und im Schiller Theater *Wilhelm Tell*. Uns war völlig egal, in welchem Sektor diese Bühnen unserer Stadt standen. Entscheidend war nur: Was und wen wir sehen wollten. In der Zeit zwischen 1945 und 1989 ist jene Mentalität der Berliner gewachsen, die uns bis heute von all unseren Landsleuten unterscheidet.

Und dann der 13. August 1961. Jenes Datum, das mit einem Schlag alles veränderte. An diesem Tag geschah etwas, das wir uns alle nicht hatten vorstellen können. Eine Grenze, eine Mauer mitten durch unsere Stadt. Familien, Freunde wurden rücksichtslos auseinandergerissen, Lebensbiografien völlig auf den Kopf gestellt. In den nun folgenden Jahren würden an der Berliner Mauer viele Menschen ihr Leben lassen. Sie starben dort, weil sie nach 1933 nicht erneut in einer Diktatur, sondern in Freiheit leben wollten. Ihre genaue Zahl ist bis heute nicht eindeutig geklärt. Sicher ist jedoch, dass mein Freund und Klassenkamerad, Dieter Wohlfahrt, dort am 9. Dezember 1961 von Grenzsoldaten der DDR erschossen worden ist.

Der Schock, den der 13. August 1961 bei der überwiegenden Zahl von uns auslöste, wirkte nicht nur in jedem Einzelnen noch lange nach. Er unterbrach, wie eine schwelende Krankheit, unser Streben, eine kulturelle Einheit wiederzufinden. Während sich im westlichen Teil Berlins die Theater der politischen Einflussnahme im Prinzip entzogen, war das für die Künstler jenseits der Mauer nahezu unmöglich. Kunst in jeder Form, hatte sich, wie im Dritten Reich, allein nach den ideologischen Vorgaben der dort herrschenden Partei zu richten. Eine kreative, gleichzeitig kritische Auseinandersetzung der Künstler mit der SED-Führung und den möglichen Schwächen des kommunistischen Systems – absolut verboten.

Doch wir wissen, Kunst ist auch in der Tyrannei möglich! Selbst Gefängnisse, Konzentrationslager und Kriege haben es nicht vermocht, sie zu ersticken. So erklären sich dann auch die Entwicklung des Deutschen Theaters unter Wolfgang Langhoff und die des Berliner Ensembles unter Bertolt Brecht und ihre internationale Anerkennung. Bertolt Brechts herausragende Bedeutung als deutscher Dramatiker und Theaterregisseur darf jedoch aus meiner Sicht nicht deshalb in Frage gestellt werden, weil gegenwärtig einige Historiker sein Verhältnis zum SED-Regime kritisch beurteilen.

Die willkürliche Teilung Berlins, sowie die wachsenden Einschränkungen der künstlerischen Freiheit ließen die Konflikte, in denen sich zahlreiche DDR-Künstler befanden, jedoch immer größer werden. Die Ausbürgerung Wolf Biermanns fast eine logische Konsequenz. Ein Beispiel für die Identitätskrise vieler DDR-Künstler war auch der Wechsel von Manfred Krug, einem der bekanntesten Schauspieler der DDR, in den Westen. Inmitten dieses neuen Staatsgebildes DDR befand sich West-Berlin. Wenngleich ein Vergleich mit der Lebenswirklichkeit jener Zeit hier etwas hinkt, erinnerte mich doch unsere *Enklave* ein wenig an jenes kleine gallische Dorf aus Asterix und Obelix. Auch wir wollten um keinen Preis der Welt uns und unseren Teil dieser Stadt aufgeben. Diese Stimmung, diese Mentalität zeigte sich westlich der Mauer, wie selbstverständlich, in der kulturellen Entwicklung ihrer Schauspielhäuser. War das Hebbel-Theater nach 1945 noch die bedeutendste Bühne im westlichen Teil Berlins, verlor es in den fünfziger Jahren seine Strahlkraft. In den sechziger Jahren erwarb es sich dann den Ruf eines Volkstheaters. Künftig sollten Theaterregisseure wie George Tabori, Boleslaw Barlog oder Peter Stein am Schlosspark-Theater, dem Schillertheater und der Schaubühne mit ihren Inszenierungen neue Maßstäbe setzen.

In der Bismarckstraße öffnete 1961 die Deutsche Oper in neuem Gewand ihre Pforten und begeisterte mit Mozarts *Don Giovanni* ihre ersten Besucher. In den Jahren darauf folgten zahlreiche herausragende Opern und Ballettabende. Ich erinnere mich ganz besonders an einen Ballettabend. Das Haus hatte zu dieser Zeit keine eigene Ballett-Compagnie. Es war ein Gastspiel, wer sie waren, erinnere ich nicht mehr. Auf dem Programm standen Strawinskys *Feuervogel* und, als Abschluss der Aufführung, der *Bolero* von Ravel. Als sich der Vorhang hob, sah man auf der menschenleeren Bühne – nur das Zentrum war sanftes Licht getaucht – einen gewaltigen, schwarzen runden Tisch stehen. Auf ihm war, sehr dekorativ, ein großes rundes, rotes Tuch ausgebreitet worden. Im Halbdunkel bildeten in weitem Abstand zum Tisch einfache Holzstühle einen Kreis. Als die Musik einsetzte, näherten sich in unregelmäßiger Folge, junge Tänzer dieser Stuhlreihe. Sie waren schlicht gekleidet. Oberhemd, Hose, die meisten trugen Hosenträger. Sie nahmen nach und nach auf den Stühlen Platz, bis der ganze Kreis geschlossen war. Langsam begannen sich die jungen Männer im Takt der Musik zu bewegen. Dann plötzlich: Das rote Tuch auf dem riesigen Tisch gerät in Bewegung und verwandelt sich in eine schlanke, dunkelhaarige Tänzerin in einem schwarzen Oberteil und einem weiten, roten Rock. Tempo und Rhythmus nehmen zu, werden aggressiver und fordernder. Graziös und lasziv zugleich bewegt sich die junge Frau zu der immer schneller, immer zupackender werdenden Musik. Die jungen Männer haben längst ihre Stühle verlassen und tanzen, angetrieben vom Tempo der Tonfolgen, angezogen von dem faszinierenden Anblick der auf dem Tisch wirbelnden dunkelhaarigen Schönheit. Je weiter der Bolero seinem Höhepunkt, seinem Ende zusteuerte, je ekstatischer, ja fast hemmungsloser bewegten sich Tänzerin und Tänzer. Diese Komposition aus Musik, der rhythmischen und gleichzeitig ungezügelten Leidenschaft von Tänzerin und Tänzern hatte Ästhetik, Erotik und Magie gleichermaßen. Tänzer und Musiker haben sich an diesem Abend die Seele aus dem Leib getanzt und gespielt. Als der letzte Schritt getanzt, der letzte Ton verklungen war, rastete das Publikum aus. Der Beifall rollte von den Rängen und aus dem Parkett wie ein Tsunami auf Bühne und Künstler zu. Was für ein grandioser Abend. Einmalig, unvergessen. Die Hauptschlagadern der Theaterkultur West-Berlins verliefen durch die Bismarck, die Hardenbergstraße, den Ku'Damm, am Halleschen Ufer, dem Lehniner und dem Ernst-Reuter-Platz.

Und dann – der 9. November 1989. Dieser Tag ist in unserer deutschen Historie nicht immer ein Freudentag gewesen. Die Pogrome der Reichskristallnacht von 1938 gehören fraglos zu den dunkelsten Kapiteln unserer Geschichte. Im Jahr 1989 wird er jedoch zum langersehnten, zum für nicht mehr möglich gehaltenen Glückstag, ganz besonders für uns, für die Menschen dieser Stadt. Keine Grenze, keine Mauer. Nur noch ein Berlin. In fast jedem von uns auf beiden Seiten des ehemaligen Todesstreifens löste dieses unbeschreibliche Glücksgefühl der wiedergewonnenen Freiheit eine nicht enden wollende Neugier nach all jenem aus, was uns nahezu dreißig Jahre lang mit unmenschlicher Grausamkeit vorenthalten worden war. Unsere Landsleute aus dem Osten zog es in die alte West-Berliner Theaterszene. Wir *Wessis* suchten jene Orte auf, wo der ursprüngliche Theaterpuls unserer Stadt schlug: die Linden, den Schiffbauerdamm, die Schumannstrasse, den Festungsgraben und den Rosa-Luxemburg-Platz.

Keine Frage, ich kannte mich in Berlin gut aus. Glaubte ich jedenfalls. Diese Gewissheit sollte ich jedoch an einem milden Spätsommerabend vorübergehend verlieren. Wir hatten uns Theaterkarten für eine Aufführung – davon war ich überzeugt – im *Deutschen Konzerthaus* am Gendarmenmarkt gekauft. Meine Gewissheit hielt bis zu jenem Moment, als ich gemeinsam mit meiner Frau das Foyer betrat und beim Einlass unsere Karten präsentierte. Der junge Mann an der Einlasskontrolle betrachte die Karten und gab sie uns dann mit einem Ausdruck zwischen amüsiert und mitfühlendem Bedauern zurück. „Sie haben sich leider im Haus geirrt. Ihre Vorstellung findet nicht hier, im *Deutschen Konzerthaus,* sondern im *Deutschen Theater* in der Schumannstraße statt. Also wir haben es jetzt viertel vor acht. Das könnte etwas eng werden." Wir sahen uns beide entgeistert an. Wie hatte mir das nur passieren können. *Deutsches Konzerthaus – Deutsches Theater.* Noch immer etwas durch den Wind, fanden wir uns nur wenige Augenblicke später auf dem Gendarmenmarkt wieder. „Man, Viertel vor acht, wie soll'n wir das schaffen. Die Vorstellung beginnt um 20 Uhr?“ „Na dann sollten wir mal möglichst schnell in die Gänge kommen und nicht noch lange auf die Karten schauen“, warf meine Frau ein. Wenn sie auch in diesem Punkt, wie in vielen anderen unseres gemeinsamen Lebens, recht hatte – Friedrichstraße, Reinhardtstraße, Schumannstraße das war einfach nicht zu schaffen. Es gab nur eins: *Sekt oder Selters*, laufen was das Zeug hielt. Wir gehören nicht zu jener Besucherfraktion, die in Turnschuhen, Schlabberpulli und eingerissenen Jeans ins Theater geht. In einem solchen Outfit wären wir für diese ungewöhnliche Situation zweifellos passender ausgestattet gewesen. Die hohen Absätze an den Schuhen meiner Frau, die leichte Abendgarderobe, nicht unbedingt die besten Voraussetzungen für einen gepflegten Jogginglauf.

Es war ein schöner, milder Abend, als wir von der Französischen Straße nach rechts abbogen. Die Herausforderungen sollten von Minute zu Minute größer werden, als sie es ohnehin schon kurz nach dem Start auf dem Gendarmenmarkt waren. Viele Spaziergänger schlenderten durch die Friedrichstraße. Im Slalom um die Passanten, ging es im Eiltempo in Richtung Deutsches Theater. Nur schemenhaft nahmen wir unsere Umgebung mit ihren zahlreichen kulturellen Glanzlichtern wahr. Die Friedrichstraße hinauf, von der Spreebrücke aus hätte man – die Zeit hatten wir in diesem Augenblick jedoch nicht – zur Linken das Berliner Ensemble sehen können. Auch die Diestel im früheren Admiralspalast und den Friedrichstadt-Palast würdigten wir kaum eines Blickes. Für die flanierenden Menschen gaben wir ohne Zweifel ein etwas merkwürdiges Bild ab. Alle im gemütlichen Spazierschritt. Nur wir beide wie Dr. Kimble auf der Flucht. Stets an der Seite meiner Frau, war die Angst, sie könnte mit ihrem für diesen Spurt ungeeigneten Schuhwerk, stolpern und auf dem Bürgersteig landen, mein inniger Begleiter. Inzwischen waren wir in die Reinhardtstraße eingebogen. Jetzt nur noch bis zur Albrecht- und dann rechts rein in die Schumannstraße. So sehr wir auch liefen, uns lief unweigerlich die Zeit davon.

Es war bereits zehn Minuten nach 20 Uhr, als wir völlig außer Atem vor dem Deutschen Theater ankamen. Wir waren soeben im Begriff, die Eingangstür zu öffnen, als diese von innen schwungvoll aufgestoßen wurde und einige, sichtlich erregte, mehr noch verärgerte Besucher uns entgegen kamen. Aus den Gesprächsfetzen, die wir aufschnappen konnten, war unmissverständlich herauszuhören: Die Aufführung sei ein einziges Ärgernis, sie anzuschauen, eine absolute Zumutung. Unsere Gefühlslage war jetzt sehr zwiespältig. Einerseits hatten wir läuferisch alles gegeben, waren dennoch zu spät und erhielten auch noch diese unverhoffte *Theaterkritik frei Haus.* Irgendwie war plötzlich die Luft raus, der Sinn nach Theater hatte sich ganz unbemerkt diesem Lüftlein angeschlossen. Noch ein wenig unschlüssig auf den Eingang starrend, hatte meine Frau mal wieder die richtige Eingebung. „Ich kenn‘ doch diese Ecke vom alten Berlin noch gar nicht richtig. Bisher sind wir hier nur durchgerauscht, wenn es ins Theater ging. Und auf dem Weg hierher, da haben wir auch keine Augen für die Umgebung gehabt. Wir laufen jetzt einfach ganz gemütlich zurück und schauen mal, was wir da alles soeben bei unserem *Dauersprint* verpasst haben.“ Für genau diese spontane, entspannte Art – also nicht nur deshalb – liebte ich sie. Völlig gelöst und neugierig auf all das, was uns demnächst erwarten sollte, schlugen wir den Rückweg ein, und der hatte, wie wir im Verlauf der folgenden Stunden feststellen würden, doch einiges zu bieten.

Als wir wieder in die Reinhardtstraße einbogen und in Richtung Friedrichstadt-Palast schlenderten, entdeckten wir das eine oder andere Restaurant, das uns zuvor nie aufgefallen war. Ich glaub, wir landeten im *Restaurante Cinque*. Nach ein paar Antipasti und einem leckerem Rotwein setzten wir unsere Erkundung fort. Wir erreichten die Friedrichstraße, und vor uns lag der imposante Bau des Friedrichstadt-Palasts – den kannten wir bisher nur von Fotos. Nachdem wir uns das Haus und die vielen Schaukästen genauer betrachtet hatten, folgten wir dem Straßenverlauf. Kurz vor der Weidendammbrücke bogen wir rechts ab in Richtung Schiffbauerdamm. Das leuchtende Logo auf dem Dach und die angestrahlte Fassade des Berliner Ensembles zogen uns hinüber auf die andere Seite. Auf dem Brecht-Platz vor dem Theater war es leer, weil noch immer die Vorstellung lief. Aber die zahlreichen Lokale im Umkreis hatten fraglos auch ihr Publikum. Unser Versuch, dem *Brecht* einen Besuch abzustatten, schlug leider fehl, der Laden war gerammelt voll. Wieder ging es zurück über die Brücke in Richtung Bahnhof Friedrichstraße. Aber noch immer war unsere Neugier, unser Drang nach Entdeckung nicht gestillt.

Der gescheiterte Theaterbesuch war inzwischen zu einer unbedeutenden Randnotiz verblasst. Wir waren einfach nur glücklich, dass wir auf diese unverhoffte Weise eine wunderbare Atmosphäre, eine herrliche Nacht in diesem alten Teil Berlins genießen konnten. Nachdem wir auch noch das Areal des Admiralspalasts mit dem Kabarett *Die Diestel* erkundet hatten, ging es mit dem Gefühl, einen perfekten Abend erlebt zu haben, wieder in den Süden unserer Stadt – nach Hause.

Hannibal Lektor

Hannibal Lecter, fiktive Figur in einer Romanreihe von Thomas Harris, ist Psychiater und kannibalistischer Serienmörder. In den siebziger Jahren arbeitet er als Forensiker in Baltimore/USA. Er ist als Feingeist und Ästhet ein angesehenes Mitglied der oberen Gesellschaftsschicht. Zeitgleich aber ist er auch ein perverser Massenmörder, der Leber und Nieren seiner ermordeten Opfer nach eigenen, exquisiten Rezepten zubereitet und sie, als Steigerung seiner Perversion, seinen ahnungslosen Gästen serviert.

Hanna Reich blickte von dem vor ihr liegenden Manuskript auf und sah ihren aufreizend lässig im Türrahmen lehnenden Kollegen, Peter Schreiber, irritiert an. „Was hast du gerade zu mir gesagt? Hannibal Lecter?" „Nee, Hanni. Ich habe Hannibal Lektor gesagt. Klingt fast genauso, ist aber eigentlich nur ein Wortspiel." Hanna, die Leiterin des Lektorats, eine dunkelhaarige, attraktive Frau Mitte vierzig, rollte mit ihrem Schreibtischstuhl zurück und schlug lässig ihre Beine übereinander. Die Situation erinnerte fast ein wenig an jene spektakuläre Szene aus dem Film *Basic Instinct*, als Sharon Stone Gleiches, nur sehr viel aufreizender und provokanter tat. Beintechnisch betrachtet, musste Hanna jedoch keinen Vergleich scheuen. „Peter ... ich kann das auch mit dem anderen Bein." Peter Schreiber fühlte sich ein wenig ertappt und grinste verlegen. „Naja ... sehen ja auch super aus." „Also, bevor das hier ein wenig abgleitet ... wir waren eigentlich bei Hannibal Lecter ... oder meinetwegen auch Lektor stehengeblieben. Du wolltest mir ... vermute ich mal, die

Verbindung zu mir erklären ... oder?" Schreiber hatte den Anblick ihrer Beine inzwischen sowohl körperlich als auch emotional verarbeitet und konzentrierte sich nun wieder auf das ursprüngliche Thema. „Naja ... dieser Spitzname für dich geistert seit unserer letzten Lektorenkonferenz durch den Verlag. Aus Hanni wurde mal eben *Hannibal*. Vielleicht erinnerst du dich noch an unsere letzte Sitzung? Drei von uns hatten dieses Manuskript mit den Kurzgeschichten durchweg positiv bewertet. Dann hast du es in nur wenigen Minuten geschafft, das Ganze mit Blick auf Sprache, Stil und Originalität der Storys so gnadenlos zu sezieren, dass am Ende nichts mehr davon übrig blieb. Da kam's dann zu diesem Wortspiel – *Hannibal Lektor*."

Sie wusste im ersten Moment nicht, ob sie sich gekränkt fühlen oder amüsiert darüber lachen sollte. „Peter – jetzt mal im Ernst. Das ist doch unsere Kernaufgabe, eingereichte Manuskripte einer ernsthaften, kritischen Betrachtung zu unterziehen und diese Meinung dann auch klar zu formulieren. Ich lese diese Texte nicht, um nach fehlenden Kommas oder Tippfehlern zu suchen. Die Geschichten müssen mich ansprechen, weil sie einerseits originell sind und mir zudem die Schreibe des Autors gefällt. Wenn das alles nur krampfhaft konstruiert wirkt, die Personen und ihre Charaktere irgendwie hineingebastelt sind ... nee mein Lieber ... tut mir leid. Nur damit zu den vielen, aus meiner Sicht nicht unbedingt sinnstiftenden Büchern noch ein weiteres aus unserem Verlag dazukommt? Das kann doch nicht unser Ansatz sein."

„Grundsätzlich ist das alles richtig, was du da sagst. Du weißt aber auch, dass die Sache mit der *Kunst* nicht ganz so eindeutig ist. Ich habe den Begriff *Kunst* bewusst gewählt, weil er ja für alle Bereiche gilt. Ob nun Malerei, darstellende Kunst oder Literatur ... da gibt es doch keine eindeutigen Kriterien, nach denen man festlegen kann: Das ist gut und das ist schlecht. Jeder reagiert doch auf das, was er sieht oder, in unserem Fall, was er liest, sehr unterschiedlich. Denk nur mal daran, wie sich die so genannten Literaturexperten in dieser TV-Sendung *Das literarische Quartett* hin und wieder fetzen. Einer von denen berichtet ganz begeistert von dem Buch, das er dort vorgestellt hat und die anderen drei können dem überhaupt nichts abgewinnen." Er hatte sich inzwischen zu seiner Kollegin an den Schreibtisch gesetzt und blickte sie aufmerksam an. „Da hast du sicher recht. Aber das, was du mit dieser TV-Sendung beschrieben hast, findet doch in ähnlicher Form auch bei uns in der Lektorenkonferenz statt. Auch in dieser Runde sollten die abweichenden Auffassungen aufeinandertreffen, damit am Ende für den Verlag, hoffentlich auch für den Autor, ein gutes Ergebnis herauskommt." Hanna war, von dem, was sie soeben gesagt hatte, absolut überzeugt und lehnte sich entspannt zurück.

„Du solltest das nicht falsch verstehen." Peter war sichtlich bemüht, möglichst locker zu klingen. „Es ging mir mit meiner Bemerkung vorhin nicht darum, dich von deiner Sicht der Dinge abzubringen. Ich fand den Moment, als irgendeiner aus unserer Gruppe mit diesem *Hannibal Lektor* um die Ecke kam, ausgesprochen witzig. Vielleicht auch deshalb, weil es doch – ohne dich damit kränken zu wollen – deine Art, eingereichte Manuskripte zu analysieren, durchaus zutreffend beschreibt. Ich weiß nicht, ob du – den Film lassen wir mal außen vor – die Romanreihe von Harris und die Figur dieses Hannibal Lecter kennst. Der Mann war ja nicht nur ein bizarrer Serienmörder, sondern er war gebildet und – klingt natürlich absurd – ein Ästhet und Feingeist. Sieht man mal von seinen blutrünstigen und perversen Neigungen ab, könntest du doch mit den anderen Eigenschaften gut leben ... oder?“

Hanna kniff die Augen leicht zusammen: „Woher willst du eigentlich wissen, ob nicht auch durch meinen Kopf finstere, abartige Gedanken geistern, und was ich nachts alles bei mir zu Hause so treibe ... hm?“ Peter rutschte etwas unruhig auf seinem Stuhl hin und her, sah sie leicht verunsichert an. Unvermittelt brach sie in schallendes Gelächter aus: „Wenn du dich jetzt sehen könntest. Hast wohl schon in Gedanken nach den Handschellen und dem anderen Spielzeug Ausschau gehalten – was? Ich glaub‘s ja nicht.“ So ganz entspannt wirkt Peter noch immer nicht. „Also, mein Name lässt ja ganz offensichtlich einige Spielereien zu. Überleg doch mal ... Hanna Reich ... Reich Hanna oder doch lieber Reich Hanni? Wundert mich schon, dass keiner von euch auf die Variante *Reich Hanitzki* gekommen ist. Hätte mir gerade noch gefehlt. Dann doch eher *Hannibal Lektor.*“

Ihr Gegenüber schien mehr und mehr seine ursprüngliche Lockerheit wiederzufinden. „Also *Reich Hanitzki* hätte ich auch total bescheuert gefunden. Das Andere hat irgendwie mehr Witz und Ironie ... was meinst du?“ Hanna schob die Blätter des Manuskripts, mit dem sie sich bis zu Peters Auftritt beschäftigt hatte, zu einem Stapel zusammen. „Sag mal, wie wär‘s, wenn wir vier uns mal privat abends zusammensetzen? Frag doch mal Agnes und Gabi, ob sie heute Abend schon etwas geplant haben. Ich würde euch alle gerne zu mir einladen. Würde dann auch etwas Leckeres kochen." Peter strahlte. „Mensch, Hanni, das ist ja ‚n Superidee. Also ... ich hab' auf jeden Fall Zeit. Bin ich zu neugierig, wenn ich frage, was du heute Abend zaubern willst?" Hanna hat das Gefühl, Peter würde schon mit umgebundenem Lätzchen und dem Besteck in der Hand vor ihr sitzen. Diese Vorstellung bis hierhin, ihre eigene spontane Idee mit der Einladung, amüsierte sie zunehmend. „Nee, Peter, kein Problem." Sie machte eine kleine Pause und blickte ihren Kollegen, begleitet von einem kleinen, hintergründigen Lächeln, vielsagend an: „Ich dachte an ... naja, ich könnte vielleicht Leber venezianisch anbieten ... marinierte Nierchen ginge eigentlich auch." Peter wirkte für einen Moment ein wenig ratlos und unsicher. „Mann, Peter, was ist denn jetzt schon wieder?" Sie blicke ihn fragend und ein wenig vorwurfsvoll zugleich an. „Nun schau nicht so. Sollte doch – wenn schon denn schon – möglichst authentisch sein, wenn wir heute Abend gemeinsam essen, oder? Kannst aber alle beruhigen. Bin Stammkundin bei Schlachter Weller, und die Rezepte sind von meiner Oma."

Mehr sein als Schein

Eigentlich waren die Voraussetzungen perfekt. Armin kam aus seiner Sicht in der richtigen Familie und am richtigen Ort auf diese Welt. Die von Rottloffs waren genau das, was man gemeinhin unter der Bezeichnung *sehr wohlhabend* verstehen würde. Vater Walter war ein angesehener Rechtsanwalt und gefürchteter Strafverteidiger mit eigener Kanzlei am Ku'Damm. Mutter Sybille, renommierte Sachverständige für Malerei des 20. Jahrhunderts, führte in der Fasanenstraße ihre Galerie. Die Familie lebte in Zehlendorf auf einem weitläufigen Anwesen oberhalb des Schlachtensees. Eine nicht minder große Finca auf Mallorca und ein ansehnliches Chalet im Engadin in der Schweiz ergänzten den stattlichen Immobilienbesitz.

Da Armin das einzige Kind von Sybille und Walter war, erfuhr er nicht nur die ungeteilte Aufmerksamkeit seiner Eltern, sondern jede nur denkbare Förderung, um später einmal die Anwaltsdynastie der von Rottloffs auch in der nächsten Generation erfolgreich fortführen zu können. Aber leider bewegen sich – hin und wieder zeigt sich das im wahren Leben – Herzensbildung und charakterliche Stärke nicht auf dem gleichen Niveau wie das soeben beschriebene materielle Vermögen der Familie. Auf Armin traf das leider in sehr ausgeprägter Weise zu. In der Schule, wie auch später auf der Universität, war er nicht die hellste Kerze auf der Torte. Geringe Begabung und ein ebenso unterentwickeltes Maß an Strebsamkeit ergänzten perfekt seine überschaubaren intellektuellen Fähigkeiten. Zudem ließ er seine Umwelt nicht selten seine steinreiche Herkunft und die Überzeugung spüren, er könne jedes aufkommende

Problem Dank des hohen Ansehens und der Beziehungen seines Vaters geschmeidig aus dem Weg räumen. Wollte man es weniger blumig umschreiben: Man hätte ihn einfach als arroganten Kotzbrocken bezeichnen können.

Ohne auf die Umstände näher eingehen zu wollen, hatte es Armin von Rottloff eines Tages tatsächlich geschafft, Abitur und Jurastudium erfolgreich abzuschließen. Er hatte sich innerlich schon darauf eingestimmt, in der Kanzlei seines Vaters den Bereich Familienrecht zu besetzen. Reizte ihn doch die Vorstellung, sich den attraktiven, frustrierten, trennungswilligen Damen nicht Kraft seiner überschaubaren fachlichen Qualifikation sondern mit einem Übermaß an Testosteron widmen zu können. Die juristischen Aspekte dieses angestrebten Tätigkeitsbereichs spielten in seiner Planung wie immer, wenn es um ehrliche, ernsthafte Arbeit ging, eine nur untergeordnete Rolle. Waren es nun Taktik oder eher der strategische Weitblick des Vaters, dass er seinen Filius, anders als von diesem erwartet, nicht in der eigenen Kanzlei zum Zuge kommen ließ, sondern ihn Dank guter Kontakte bei Gericht in der Staatsanwaltschaft einparkte. Wenngleich seine neue berufliche Ausrichtung auf diese Weise eine unerwartete Wendung erfuhr, konnte er ihr doch das eine oder andere Positive abgewinnen. Während sich Armin bereits als flammender Ankläger in spektakulären Gerichtsprozessen und auf den Titelseiten der Berliner Tageszeitungen wiedersah, sollte der juristische Alltag eines noch so jungen, unerfahrenen Staatsanwaltes, wie wir im weiteren Verlauf sehen werden, weitaus weniger glamourös verlaufen.

Herbert Kaminski und Axel Schubert gehörten zur Zunft der Kleinkriminellen. Genauer gesagt, waren sie in Sachen

Klau und Bruch unterwegs. Kaminski, ein großer, kräftiger Mann, Ende vierzig. Während in seinem pausbäckigen Gesicht die Haare des üppigen Schnäuzers und der buschigen Augenbrauen unverzagt sprossen, reichte es für den *Dachgarten* nur noch für *Bubikopf mit Spielwiese.* Sein Kumpel Schubert lieferte optisch eher das Kontrastprogramm. Er war klein und schmächtig, hatte das Gesicht einer Spitzmaus. Obwohl er drei Jahre älter war als Kaminski, verfügte er über eine dichte, dunkle Haarpracht, die er täglich mit reichlich Pomade in Form brachte. Seit Tagen hatten sie nun schon eine Villa in Zehlendorf beobachtet. Wer ging hinein und wer kam zu welcher Zeit wieder heraus. Wie viele Personen lebten in dem Haus, wie waren Mauer und Gelände beschaffen, wo könnte man am besten einsteigen und wie schnell auch wieder verschwinden. Das Anwesen gehörte dem windigen und wohl deshalb auch so erfolgreichen Immobilienmakler Jürgen Meise, der dort mit seiner Ehefrau Elvira, einst Animierdame in einem zweitklassigen Etablissement am Stuttgarter Platz, einem thailändischen Koch, einem polnischen Zimmermädchen und einem rumänischen Gärtner wohnte.

Bei einem Blick auf den Altersunterschied von Jürgen und Elvira wäre das Verhältnis Vater und Tochter sehr viel naheliegender gewesen als das von Ehepartnern. Meise, Anfang sechzig, glich seinen spärlichen Haarwuchs und seine geringe Körpergröße mit zahlreichen Kilos auf seinen Hüften überzeugend aus. Bei Elvira, Mitte zwanzig, saßen anders als bei Jürgen die Rundungen einige Etagen höher. Ob nun Mutter Natur sie an diesen Stellen überreich beschenkt oder medizinische Kunstfertigkeit dort ihre Spuren hinterlassen hatten, gehörte nicht in das Beobachtungsprogramm von unserem Einbruchsduo Herbert und Axel. „*Herbi*, ick gloobe die ham vor zu varreisen", stellte *Schulle*, Axels Spitzname, nach einem prüfenden Blick auf die Meise-Villa fest. „Wie kommste denn uff ditt schmale Brett, *Schulle*? Bis jetzt fahr'n die doch nur rinn und raus". „Naja ... ick hab vorhin unser Busenwunder oben an de Balkontüre ‚n paar Mal vorbeiloofen seh'n. Ick hatte dett Jefühl ... die Tante is am Koffapacken." „Mann – ditt wär ja für uns ‚ne richtje Steilvorlare. Da könnten wa beede janz jemütlich einsteijen und allet janz locker einsammeln. Hätt'n wa beede keen Stress."

Herbi lehnte sich grinsend an den Baumstamm. Die beiden hatten einen guten Beobachtungsplatz in einem kleinen Waldstück oberhalb des Grundstücks gefunden. „Also wenn die beeden zusamm wegfah'n und heute Abend keene Bewejung im Meisenbau zu seh'n is, denn warten wa morjen noch ab und wenn allet schön ruhich bleibt, denn kieken wa morjen Abend ma watt Sache is. Meinste nich ooch *Herbi*?", *Schulle* sah seinen Kumpel fragend an. „Jenau so machen wa ditt, *Schulle*. Morjen noch ‚ne saubre Peilung und denn jeh'n wa kieken, watt da für hübsche Sachen rumstehen."

Armin von Rottloff saß in seinem Büro im Kriminalgericht in der Turmstraße. Wenn er an das edle, luxuriöse Ambiente der Anwaltskanzlei seines Vaters am Ku'Damm dachte und er sich in seinen aktuellen vier Wänden umschaute, stand er kurz vor einem Kulturschock. Gemessen an seinen Erwartungen war das hier Kreisliga. Die ganze Büroausstattung hatte nach seiner Einschätzung die Qualität von Sperrmüll und würde ihm mit Sicherheit eine satte Feinstauballergie bescheren. Statt persönlicher Sekretärin à la Scarlett Johansson, musste er sich das Sekretariat nicht nur mit einigen Kollegen teilen, sondern auch noch mit einer farblosen, unattraktiven *Büromaus* klarkommen.

Lustlos schob er ein paar Akten auf seinem *versifften* Schreibtisch von rechts nach links. Ihn hatte schon beim Betreten seines Büros heute Morgen jede Arbeitslust spontan verlassen. Ein Empfinden, das er seit der Grundschule über die Uni bis hierher stets kultiviert und weiterentwikkelt hatte. Er griff zum Telefon und wählte die Nummer des Sekretariats. Als sich Frau Steger, die *Büromaus*, meldete, teilte er ihr nur kurz und knackig mit, dass er zu einem Termin müsse und nicht wisse, ob er heute noch einmal ins Büro käme. Da sein Golfbag stets einsatzbereit im Kofferraum lag, war der Ablauf des restlichen Tages klar vorgezeichnet.

Herbi und *Schulle* hatten wie abgesprochen die Meise-Villa aufmerksam im Auge behalten. Seit den Vormittagsstunden des vergangen Tages, als der schwarze Hummer das Grundstück durch das Eingangstor verließ, bewegte sich in Haus und Garten nichts mehr. Durch die dunkel getönten Scheiben des Fahrzeugs hatte man zwar niemanden erkennen können, dennoch stand für die beiden Kleinganoven fest, dass es das Ehepaar Meise gewesen war. „*Schulle* ... ick gloobe du hattest recht mit deine Vermutung. Ditt Meisenpärchen is tatsächlich ausjeflojen. Wenn keener kommt, denn jeh'n wa heute Nacht mal kieken, watt bei die da für schöne Sachen rumsteh'n." „Seh' ick ooch so *Herbi*. Wenn's ruhich bleibt, is für uns allet palletti."

Tatsächlich lag das Meise-Grundstück auch um Mitternacht einsam und verlassen im Dunkel. Der Nachthimmel war von vielen Wolken bedeckt. Da für das Licht des Mondes nur wenige kleine Lücken blieben, waren das die idealen Voraussetzungen für einen gepflegten Einbruch. „Man, ick gloob meen rechtet Been is einjeschlafen", *Herbi* machte ein paar kleine Dehnungen und rubbelte an seiner rechten Wade. „*Herbi* ... ick denke, länger müssen wa hier nich mehr uff de Lauer liejen. Wir sollten ma langsam inne Jänge komm ... watt meinste?" „Pass uff *Schulle.* Siehste den Boom da inne Nähe von de Mauer? Da isset noch'n bisken dusterer, da klettern wa beede rüba. Haste deine kleene Taschenlampe am Start?" „*Herbi* ... bin ick vorbereitet oder mach ick hier ‚ne Mondscheinwanderung?" Zum Beweis ließ er kurz die Lampe aufleuchten.

Die beiden Einbrecher verließen entschlossen ihren Beobachtungsplatz und liefen zu jener Stelle an der Mauer, die *Herbi* soeben beschrieben hatte. *Schulle* machte die *Räuberleiter*, *Herbi* kletterte auf die Mauerkrone, beugte sich nach unten und half seinem Kumpel nach oben. Vorsichtig ließen sie sich auf der anderen Seite der Mauer hinuntergleiten. Tief geduckt schlichen sie, jeden Strauch, jeden Baum als Deckung nutzend, langsam zu der im Dunkel liegenden Villa. Das Gelände stieg leicht an. Unmittelbar vor dem Gebäude lag eine große Terrasse mit Swimmingpool. Endlich hatten sie die rechte Einfassung des Pools erreicht und huschten von dort zum Haus. „*Herbi*, hast ditt ooch jehört? Klang wie'n Schuss, oder?" *Schulle* blieb stehen und lauschte in die Dunkelheit. „*Schulle*, ditt war keen Schuss. Ick gloob, ditt war bloss ‚ne Fehlzündung von een Auto."

Vorsichtig ging es in Richtung Terrassentür weiter. Die

wollten sie mit ihren Stemmeisen aufhebeln, um auf diesem Weg in das Haus zu gelangen. *Schulle* ging mit seiner Taschenlampe vorneweg. Soeben waren sie in Höhe besagter Tür angekommen, nur gute drei Meter vom Haus entfernt, als *Schulle* plötzlich, wie zur Salzsäule erstarrt, stehen blieb. Entsetzt blickte er in Richtung Terrassentür. „Watten los? Warum jehste nich weiter“, flüsterte *Herbi* von hinten. *Schulle* machte keinen Mucks, deutete nur mit seiner Taschenlampe in Richtung Tür. *Herbi* trat einen Schritt nach vorne und wusste mit einem Schlag, warum sein Kumpel so regungslos neben ihm stand. Durch die halbgeöffnete Terrassentür sahen sie – die Wolkendecke war ein wenig aufgerissen – im fahlen Mondlicht Jürgen Meise ausgestreckt auf dem Boden liegen. Neben seinem Körper zeichnete sich ein dunkler Fleck, vermutlich eine Blutlache, ab.

„*Schulle* ... ick werd verrückt. Olle Meise ham se de Lampe ausjeknipst. Man lass uns ma pronto den Rückzug einleiten. Hab keene Lust uff weitere Übaraschungen.“ *Schulle* nickte nur wortlos und beide begannen sich vorsichtig zurückzuziehen. Sie hatten soeben die ersten Schritte gemacht, als mit einem Schlag die Haus und Terrassenbeleuchtung aufflammte und die Szene in ein gespenstisches Licht tauchte. Die beiden hatten sich noch nicht von diesem Schock erholt, als in der Terrassentür, ohne jede Vorwarnung, Elvira Meise auftauchte und die beiden erschrockenen Einbrecher ankreischte: „Watt macht ihr beeden Penner hier auf unsern Grundstück und uff unsre Terrasse, hä?“ *Herbi* fand als Erster die Sprache wieder. „Nu ma keen Stress. Wir sind hier janz zufällig vorbeijekommen und ham vadächtje Geräusche jehört. Da ham wa uns jedacht – vielleicht is watt passiert und wa könn vielleicht helfen ... oder so. Aber nu is ja allet paletti und da könn wa uns ooch wieder zurückziehen." Bei seinen letzten Worten hatte er mit dem Zeigefinger gegen seine nicht vorhandene Hutkrempe getippt und sich zum Gehen umgewandt.

„Stop ... ihr beeden Flitzpiepen – habt wohl ‚ne Meise!" „Na, der war aba jut, hä, hä, hä", prustet *Schulle* los und hieb *Herbi* kräftig auf die Schulter. „Ditt mit die *Meise.* War ja n richtjer Brüller ... watt *Herbi*?" Auch Elvira dämmerte langsam, für welche unfreiwillige Komik sie in dieser Situation gesorgt hatte. „Hier zieht sich keener zurück ... hab schon de Bullen anjerufen. Könnter denen ma gleich erklären, warum ihr nachts um unser Haus rumschleicht." „Na denn wärt vielleicht janz jünstig, wenn se bei die Jelejenheit ooch noch uff den kleenen Zwischenfall in ihr Wohnzimmer hinweisen würden. Ick würde ma saren, dett Meister Meise etwas leblos uft'n Parkett rumliejt ... oder täusch ick mir da?" Elvira warf *Herbi* einen vernichtenden Blick zu. „Jürgen is nur jestolpert und hat sich ‚n bisken am Kopp verletzt. Hier is sonst nischt passiert. Habt wohl vor euern jeplanten Bruch ‚n paar Dinger zuvielle einjefiffen? Jetzt habter einfach ‚n paar kleene Sehstörungen ... ihr Pfeifen".

Herbi grinste Elvira herausfordend an: „Ick kenn dir ja noch vom Stutti. Da warste ja ooch schon recht einfallsreich ... vielleicht uff'n andern Jebiet ... hä, hä, hä, hä. Wir beede ham Zeit. Wir könn ruhich warten bis de Polente kommt. Los *Schulle* wir jeh'n bis die da sind noch ‚ne Runde in de Hollywoodschaukel dreh'n."

Vor dem Grundstück war inzwischen mit Sirene und Blaulicht die Polizei eingetroffen. Angesichts dieser neuen Situation hatte Elvira offensichtlich andere Sorgen. Sie drehte sich wortlos um und verschwand im Haus.

In den folgenden Tagen und Wochen führten die Ermittlungen der Kriminalpolizei zu der Erkenntnis, dass wahrscheinlich Elvira allein oder gemeinsam mit ihrem Geliebten Sven Krupke, ihren Ehemann vielleicht im Streit, vielleicht aber auch vorsätzlich umgebracht hatte. *Herbi* und *Schulle* waren nach Ansicht der Ermittler nicht an diesem Verbrechen beteiligt. Jetzt sollten sie in dem anstehenden Verfahren vor dem Kriminalgericht in Moabit als Zeugen gehört werden. Den Vorsitz hatte man Richter Waldemar Finke übertragen, während als Vertreter der Anklage ein junger Staatsanwalt ohne Erfahrungen in Strafprozessen mit Namen Armin von Rottloff bestimmt worden war.

Als Armin von seiner neuen Aufgabe erfuhr, wusste er nicht so recht, ob er sich darüber freuen oder ärgern sollte. Vertreter der Anklage in einem Prozess wegen eines Kapitalverbrechens, das war ohne Zweifel nach seinem Geschmack. Allein die Begleitumstände ließen keine rechte Freude aufkommen. Diese *Miesmuschel* von Finke als Vorsitzender und dann noch eine Zeugentruppe, bei der es ihn innerlich schüttelte. Die ganze Welt schien hier vertreten zu sein. Von Thailand bis Rumänien war alles am Start. Warum ausgerechnet die türkische Community in der Zeugenliste fehlte, war ihm angesichts der Berliner Verhältnisse nahezu ein Rätsel.

Armin von Rottloff hatte den ersten Verhandlungstag im wahrsten Sinne des Wortes überstanden. Jetzt saß er in seinem Büro und versuchte das soeben Erlebte noch einmal zu verarbeiten. Es war unglaublich, was einem da heute zugemutet wurde. Zeugen aus allen Ecken der Welt, deren deutsche Sprachkenntnisse so überschaubar waren, wie ihr sachlicher Gehalt zur Klärung des Mordfalles. Einziger

Lichtblick war der Auftritt des polnischen Zimmermädchens Katarzyna gewesen. Nicht, dass diese Erhellendes auszusagen wusste, denn ihr mehr polnisch als deutsch durchmischter Sprachsalat, war anstrengend genug. Optisch hingegen war sie eine Granate, und Armin hätte nur allzu gern mit ihr in irgendeinem Schlafzimmer die Bettlaken zerwühlt und anschließend wieder schön glatt gezogen. Unter seinen nicht ganz jugendfreien Fantasien hatte während der Verhandlung die Konzentrationsfähigkeit so deutlich gelitten, dass Richter Finke mehrmals leicht irritiert in seine Richtung schaute.

Armin überlegte krampfhaft, welche verfahrenstechnischen Möglichkeiten sich wohl finden ließen, um Katarzyna noch einmal zu einem *persönlichen Gespräch* vorladen zu können. Er schloss sofort die Prozessakten und verließ das Büro. Auf dem Weg zu seinem Wagen, beschloss er, in den Golfclub zu fahren. Vielleicht hatte ja Enno von Krückwitz eine wasserdichte Lösung für sein kleines Problem.

Armin von Rottloff traf am Morgen des zweiten Verhandlungstages mehr als übellaunig in seinem Büro ein. Enno hatte nicht nur keinen Plan auf der Pfanne, nein er hatte ihn vielmehr deutlich davor gewarnt, mit seinem Verhalten den ganzen Prozess zu gefährden. Wie man sich doch in einem Menschen so täuschen konnte. Enno würde wahrscheinlich auch so eine dröge Lusche werden, wie der olle Finke. Heute sollten die beiden Kleinganoven Herbert Kaminski und Axel Schubert als Zeugen gehört werden. Armin hielt diese Entwicklung für einen schlechten Witz. Die beiden waren offensichtlich bei dem Versuch, in die Meise-Villa einzubrechen, überrascht worden. Nach seiner Einschätzung steckten diese verhinderten Einbrecher knöcheltief im Tätersumpf. Die Pfeifen von der Kripo hatten jedoch nach Abschluss ihrer Ermittlungen ausgeschlossen, dass Kaminski und Schubert in irgendeiner Form an dem Verbrechen beteiligt gewesen waren. Armin hingegen war fest entschlossen, den heutigen Zeugenauftritt der beiden Kleinganoven zu nutzen, um dem Verfahren doch noch die entscheidende Richtung zu geben.

Richter Finke hatte anhand der Personalien und einiger Fragen die Identität des Zeugen überprüft. „Herr Kaminski, Sie können jetzt wieder Platz nehmen. Bitte schildern Sie uns jetzt noch einmal ausführlich Ihre Wahrnehmungen aus der Nacht vom 5. auf den 6. August.“ *Herbi* hatte aufmerksam zugehört und nickte: „Allet klar Chef...“ Richter Finke stoppte ihn mit einer resoluten Handbewegung. „Herr Kaminski wir haben hier bei Gericht und in einem solchen Verfahren wie heute ein paar klare Regeln.“ Finke sprach mit fast väterlicher Sanftmut. „Dort sitzen die Herren Verteidiger, dort der Herr Staatsanwalt und ich – ich bin der Vorsitzende. Ich würde mich freuen, wenn Sie diese Dinge künftig beachten. So ... und nun fahren Sie mal mit Ihrer Aussage fort.“ Kaminski schluckte etwas nervös: „Che... ick meine Herr Vorsitzender, is natürlich allet noch en bisken neu für mich. Aba ick sach ma so. Sie entscheiden, ob eener watt sagen darf oder ob er de Klappe halten soll. Und am Ende sagen Sie ooch noch, ob eener in Bau muss oder hier fröhlich pfeifend rausmarschiert. Wer sowatt allet kann, der is für mich der Chef.“ Finke lächelte milde, fast verständnisvoll, und bedeutet Kaminski, dass er seine Aussage fortsetzen sollte.

„Am Abend des 5. August hatte ick mir mit *Schulle* ... äh ick meine natürlich mit Herrn Schubert im *Fürsteneck* inne Beerenstraße verabredet. Ick wees nicht wielange wa da jetacht haben aber ‚n paar Mollen und ‚n paar Kurze hatten wa schon. Als wa raus sind, meinte ick, wir sollten uns noch n bisken de Beene vertreten. Da sind wa denn Richtung Schlachtensee. Als wa im Elvirasteig anjekommen sind – hä, hä, hä – also ditt is doch wirklich n Ding. Elvira wohnt im Elvirasteig ... na klingels da? Elvira aussen Puff am Stutti ... da kricht doch steig gleich ‚ne janz andere Beutung ... hä, hä, hä." Richter Finke rutschte etwas unruhig auf seinem Stuhl hin und her. „Herr Kaminski, Ihre philosophischen Betrachtungen haben hier in der Verhandlung nichts zu suchen. Bitte beschränken Sie sich auf jene Wahrnehmungen, die uns bei der Aufklärung des Verbrechens weiterhelfen können." *Herbi* blickte ein bißchen beleidigt zu Finke. „Ick wollte ja nur n bisken ufflockern. Also jut. Wir komm da an ditt Meisejrundstück vorbei, da stößt mir Schul, äh Herr Schubert an. *Herbi* ... also er meinte mir ... *Herbi* haste ditt eben ooch jehört? Ditt klang doch wie ‚n Schuss, oder? Ick hatte zwar ooch watt jehört, hätte ja vielleicht ooch ‚ne Fehlzündung an een Auto jewesen sein können. Ejal – Herr Schubert war sich sicher. Ja watt sage ick, Herr Vorsitzender, wenn de een juter Staatsbürjer bist, musste bei Jefahr im Vazuch helfen ... ist doch so? – Ehrensache mein ick. Wir ham also beede entschieden: Da kieken wa mal, ob watt passiert is und ob wa vielleicht helfen könn."

Staatsanwalt Armin von Rottloff kochte innerlich vor Wut. Dieses Affentheater von dem Kaminski, das nachsichtige Herumsalbadern von dem senilen Finke. Ihm reichte es nun. Sein hektisches Herumblättern in den Akten hatte auch Richter Finke inzwischen leicht irritiert. „Herr Staatsanwalt, haben Sie vielleicht eine Frage an den Zeugen?"

Fast erschrocken unterbrach von Rottloff seine Blätterei. „Ja, Herr Vorsitzender, die hätte ich." Finke deutete mit einer leichten Geste an, dass er fortfahren sollte. Armin von Rottloff nahm das ein, was er in diesem Moment für eine würdige Haltung hielt: „Angeklagter..." Kaminski schoss wie von der Feder geschnellt aus seinem Zeugenstuhl hoch, die Augen weit aufgerissen, blickte er hinüber zu Richter Finke: „Chef ... hab ick hier irjendwatt verpasst?"

Richter Finke hatte beide Arme ausgebreitet. Mit dem Linken brachte er von Rottloff zum Schweigen, mit dem Rechten versuchte er, Kaminski zu beruhigen. Der Staatsanwalt verstummte augenblicklich. Kaminski blickte leicht vorgebeugt zum Richtertisch, und Finke fischte aus dem Ärmel seiner Robe ein Taschentuch, um sich den Schweiß von der Stirn zu tupfen. „Herr Kaminski ... nun setzen Sie sich mal wieder. Natürlich haben Sie hier nichts verpasst. Sie sind als Zeuge geladen. Als solcher machen Sie hier auch Ihre Aussage. Ich denke, der Herr Staatsanwalt sieht das ebenso und wird seine Frage noch einmal neu formulieren." Kaminski ließ sich erleichtert wieder auf seinen Stuhl fallen. In Armin von Rottloffs Kopf herrschten Wut und Chaos gleichermaßen. Wut darüber, dass ihn diese beiden Pfeifen, Finke und Kaminski, vor versammelter Mannschaft so ausgebremst hatten. Diese kleine Ratte von Einbrecher machte sich hier geschmeidig vom Acker, gab den edlen, hilfsbereiten Staatsbürger, während er höchstwahrscheinlich einen Bruch geplant hatte. Wut auch, weil dieser Traumtänzer von Finke diesem Penner alle Blödheiten durchgehen ließ und er in seiner Enttäuschung und Verbohrtheit denen ins Messer gelaufen war. Chaos deshalb, weil ihm, bei dem Knoten in seinen Gedankengängen keine elegante Variante einfiel, wie er aus dieser vertrackten Situation wieder herauskommen sollte.

„Alles in Ordnung, Herr Staatsanwalt? Oder hat sich Ihre Frage inzwischen erledigt?" Der Alte nervte. Natürlich hatte sich seine Frage nicht erledigt. Armin von Rottloff setzte noch einmal von Neuem an: „Herr Kaminski, war es denn nicht vielmehr so, dass Sie in dieser Nacht weniger aus Nächstenliebe als in der Absicht, in die Meise-Villa einzubrechen, über die Mauer geklettert sind? Sie und Herr Schubert hatten schließlich eine Umhängetasche mit Einbruchswerkzeug bei sich."

Kaminski lächelte den Staatsanwalt nachsichtig an: „Herr Staatsanwalt, ditt seh'n Se aba völlig falsch. Ick sag ma so. Sie tragen een Handy und ‚ne Aktentasche rejelmäßig bei sich. Die Tasche, die ick da bei mir hatte, ditt is meine janz normale tägliche Grundausstattung ... so wie Ihre Aktentasche. Stellen Se sich ma vor, ick bin unterwejens. Da komm ick an soon Haus vorbei, wo soon armet Frauchen völlig uffjelöst vor de Türe steht. Watt is passiert? Wollte mit de Einkaufstaschen rin, hat uffjeschlossen, Schlüssel hat se innen vajessen. Hebt de Taschen hoch, peng fällt de Türe zu. Watt nu? Schlüsseldienst für 200 Euro rufen? Seh'n Se ... und denn kommt olle *Herbi* mit seine Tasche – Helfer in der Not. Wenn ick da nich meine sieben Sachen dabei haben würde ... tja würde janz traurig und ziemlich teuer ausjeh'n." Kaminski lehnte sich entspannt zurück und blickte abwechselnd zu Richter Finke und dem Staatsanwalt. Armin von Rottloff winkte genervt ab.

„Herr Staatsanwalt, soll ich Ihrer Geste entnehmen, dass Herr Kaminski seine Aussage fortsetzen kann?" Richter Finke blickte von Rottloff fragend an. „Keine weiteren

Fragen, Herr Vorsitzender." Armin war bedient. „Herr Kaminski, dann mal weiter im Text", Finke hatte auch schon geschliffener formuliert. *Herbi* nickte und fuhr fort: „Als wa uff ditt Grundstück ankamen, war allet völlig ruhig. Nischt zu sehen, nischt zu hören. Ooch im Haus brannte keen Licht. Aba nun warn wa schon mal da und wir wollten ja auch wejen de Jefahr nachschauen. Als wa uff de Terrasse, nur wenige Meter vorm Haus standen, konnten wa durch die halboffene Terrassentür in ditt Wohnzimmern kieken. Also, Herr Vorsitzender, bei den Anblick is Herrn Schubert fast ditt Stemm... äh ick meine natürlich fast de Taschenlampe aus de Hand jefallen. Da lag Meister Meise platt uff'n Bauch uffs Parkett. Blut war ooch reichlich zu seh'n ... also uns beede war gleich klar – der Mann war mausetot."

„Wie kamen Sie denn zu dieser Schlussfolgerung? Sie haben doch den am Boden Liegenden gar nicht berührt ... oder?", Richter Finke schaute Kaminski fragend an. „Nee, Herr Vorsitzender, anjefasst ham wa den nich. Aber ditt ist einfach Lebenserfahrung ... olle Meise hatte ausjepiept ... wenn se ma den etwas bildhaften Vergleich jestatten. Plötzlich – eben war noch allet stockduster – jeht im Haus und uff de Terrasse schlagartig de Beleuchtung an. Und nich nur ditt. Wie aussen Boden jewachsen, steht ooch Elvira in de Terrassentür. Aba wenn se jetze denken, die stand da im Nachthemdchen, in Tränen uffjelöst als trauernde Witwe, denn liejen se aba richtich falsch. Die stand da, uffjebrezelt bis zum Scheitel, als wollte se jrade uff ,ne Schoppingtur an Ku'Damm starten. Blökt ooch jleich los, wat wir uff ihre Terrasse rumschleichen und so. Als ick ihr darauf hinweise, ditt ihr Mann da mausetot uf'fn Parkett rumliegt, sagt die doch janz kalt ‚*Jürgen is nur jestolpert und hat sich*

‚n bisken am Kopp verletzt‘. Naja, denn is ja ooch gleich de Kripo jekommen. Denn hat uns der Kommissar befragt und weil bei uns allet palletti war, konntenwa jeh‘n. Ja ... jenau so war ditt Herr Vorsitzender."

Richter Finke lehnte sich sichtlich erleichtert zurück. „Herr Kaminski, Ihre Ausführungen decken sich völlig mit denen, die Sie in der Nacht gegenüber dem ermittelnden Kriminalbeamten gemacht haben." „Herr Staatsanwalt, haben sie noch ergänzende Fragen an den Zeugen?" Finke sah von Rottloff fragend an. „Keine weiteren Fragen, Herr Vorsitzender", murmelte Armin lustlos. Finke wandte sich jetzt wieder Kaminski zu: „Dann haben wir an Sie keine weiteren Fragen mehr und Sie sind als Zeuge entlassen." Er hatte seine letzten Worte mit einer kleinen Geste begleitet, die als Aufforderung zum Abmarsch gedeutet werden sollte.

„Herr Vorsitzender, ick hätte da noch eine abschließende Frage." „Bitte, Herr Kaminski – fragen Sie." „Ick hab jehört, ditt man als Zeuge ooch seine Auslagen ersetzt bekommt. Wo finde ick denn die Kasse hier im Haus?" Richter Finke zog die Augenbrauen leicht nach oben, schien ein wenig überrascht. „Herr Kaminski es geht zwar hier und heute um den Mord an Jürgen Meise aber Sie wissen auch, dass noch einige Dinge geklärt werden müssen, die im Zusammenhang mit Ihrer Anwesenheit auf dem Grundstück von Herrn Meise stehen. Es gibt ja durchaus ein paar Verdachtsmomente, die auf einen geplanten Einbruch hindeuten könnten. Also ... solange diese Angelegenheit nicht abgeschlossen ist, ich auch nicht erkennen kann, dass Ihr heutiger Auftritt für Sie mit wirtschaftlichen Nachteilen verbunden ist, ist ein Weg zur

Kasse nicht angezeigt." „Nischt für unjut Chef ... war ja nur ‚ne Frage." Damit erhob sich Kaminski von seinem Stuhl und verließ den Gerichtssaal.

Auch die Aussage von Axel Schubert, vom Verlauf her weniger unterhaltsam als die von Kaminski, deckte sich mit seinen Angaben vor der Kriminalpolizei.

Als Armin von Rottloff nach diesem zweiten Verhandlungstag sein Büro aufsuchte, war seine Stimmung noch mieser als am Vortag. Sein Plan, mit einem, aus seiner Sicht gelungenen Auftritt, das Verfahren noch einmal in eine andere Richtung zu lenken, war grandios gescheitert. Nachdem Sven Krupke nicht bloß sich sondern auch seine Geliebte Elvira durch zahlreiche Widersprüche in seiner Aussage schwer belastet hatte, blieb ihm keine Wahl, als sich der nunmehr erdrückenden Beweislage zu beugen.

Die beiden Verteidiger der Hauptangeklagten hatten eine so armselige Vorstellung geliefert, dass jetzt, im übertragenen Sinn, der Golfball nur noch wenige Zentimeter vor dem Loch lag und er nun locker einputten konnte. Das Gericht folgte seinem Antrag, Elvira Meise und Sven Krupke wegen vorsätzlichen Mordes aus niederen Beweggründen zu lebenslanger Haft zu verurteilen. Dennoch, Armin von Rottloff wurde das Gefühl nicht los, dass er sein eigentliches Ziel irgendwie verfehlt hatte. Mit seinem Auftritt in diesem Verfahren hatte er, passend zur Ausstattung seines Büros, lediglich Kreisliga-Niveau erreicht.

In der Schlange

Anita hatte vor zwei Jahren an der FU Berlin ihr Studium für Geschichte und Politikwissenschaft begonnen. Da sie noch zu Hause bei ihren Eltern wohnte, erhielt sie, obwohl diese finanziell auch nicht gerade auf Rosen gebettet waren, keine Leistungen nach dem BAföG. Für Anita war das kein Problem, hatte sie doch schon im letzten Jahr vor dem Abi immer wieder kleinere Jobs angenommen, um ihren Eltern nicht zu sehr auf der Tasche zu liegen. Vor ein paar Wochen konnte sie bei dem Discounter, für den sie während der Schulzeit die Regale aufgefüllt hatte, einen kleinen Karrieresprung schaffen. Der Marktleiter bot ihr völlig überraschend die Stelle einer Vertretung für die Kassiererin an. Ihre Einsatzzeiten und die Vorlesungen konnte sie gut miteinander abstimmen. An der Uni lief es bestens, und jetzt der neue Job. Sie war rundherum zufrieden.

Heute saß sie am Nachmittag an der Kasse. Die Schlange davor war nie so lang, dass es für sie oder die Kunden hektisch geworden wäre. Das sollte sich jedoch wenig später ändern, nur wenige Minuten nachdem Bettina Schrader den Supermarkt betreten hatte. Bettina gehörte zur Zunft jener jungen Frauen, die Kraft ihrer Herkunft den Unterschied zwischen Spitzenverdienern und prekären Beschäftigungsverhältnissen bestenfalls aus den Medien kannte. Im Freundes- und Bekanntenkreis ihres wohlhabenden Ehemannes betrachtete man Probleme dieser Art eher aus einer abgehobenen akademischen Sicht. Dieser Blick von oben sowie die Entfernung zur banalen Lebenswirklichkeit entsprachen in etwa der Lage ihres edlen Hauses samt Terrasse weit oberhalb der Krummen Lanke.

Als Tochter aus sogenanntem *guten Elternhaus* – aus welchem kamen eigentlich die Kinder alleinerziehender Mütter? – hatten die Eltern sie selbstverständlich auf eine teure Privatschule geschickt. Man war sich mit den anderen, nicht minder vermögenden und gleichgesinnten Erziehungsberechtigten darin einig gewesen, dass eine Schule, an der es Kinder mit Migrationshintergrund gab, niemals ihren elitären Bildungsanspruch erfüllten könnte. Als weitere strategische Maßnahme hatte man die Tochter in einem noblen Tennisklub der Stadt geparkt. Dort traf man Seinesgleichen und optimierte die Aussicht, den richtigen, soll heißen den Partner mit ansehnlichem Bankkonto kennenzulernen. Die Regeln eines solchen Klubs legt zwar der Vorstand fest, mit Leben erfüllt werden sie jedoch von denen, die Kraft ihrer wirtschaftlichen Potenz und einem Mangel an Empathie und Solidarität nicht selten die Umgangsformen bestimmen.

Bei Bettina lief es wie geschnitten Brot. Seit drei Jahren war sie jetzt mit Heiko, dem Sohn vom alten Semmering, Inhaber einer der größten Steuerkanzleien Berlins, verheiratet. Ihre bis dahin bemerkenswerteste Leistung bestand darin, dass sie gut ein Jahr nach der Hochzeit eine gesunde, niedliche Tochter zur Welt brachte. Ungeachtet der beträchtlichen und vor dem Finanzamt trickreich verborgenen Guthaben auf Malteser und Panama-Konten, oder in anderen zweifelhaften Steueroasen, scheute Bettina den Einkauf beim Discounter nicht. Konnte man doch im abendlichen Freundeskreis den überzeugenden Eindruck vermitteln, dass die preiswerten Scampi und King Prawns erst vor Kurzem aus der Feinkostabteilung des KaDeWe angeliefert worden seien.

Soeben war sie mit ihrem Hummer, der nach seinem äußeren Erscheinungsbild das beklemmende Gefühl vermittelte, er könnte jederzeit in Syrien beim Kampf gegen den IS eingesetzt werden, mit geschmeidigen 60 km/h über den Parkplatz des Discounters und durch die Gasse der dort parkenden Pkws gebrettert. Eine ältere Dame mit ihrem Rollator hatte sich unter dem Aufbieten letzter Energien noch so gerade in eine Parklücke gerettet. Diese Entscheidung, so lebenserhaltend sie auch für den Moment erschien, stand leider im krassen Widerspruch zu Bettinas Vorhaben. Genau diese Parklücke hatte sie im Visier, als sie über den Parkplatz rauschte. Das mahnende Schild an der Zufahrt, dass hier die Regeln der StVO zu beachten seien, hatte sie ganz bewusst ignoriert, da ihre Freundin Sarah, Anwältin für Zivil- und Verkehrsrecht, vor kurzem unter dem Gelächter aller Zuhörer verkündet hatte, dass diese Parkplätze auf privatem Gelände lägen und folglich Schilder mit dem Hinweis auf die StVO ein absoluter Witz seien.

Nachdem sich die alte Dame mit ihrem Rolli ängstlich in eine andere Lücke gezwängt hatte, parkte Bettina ihren Wagen schwungvoll ein. Als sie in ihr Auto entstieg, war sie sich in den weißen Jeans von Versace und der gleichfarbigen Bluse von Laura Biagiotti ihrer Wirkung und der damit verbundenen Aufmerksamkeit voll bewusst. Knappe 1,80 m groß, High-Heels eingerechnet, blond, mit einer Klassefigur schritt sie in Richtung Supermarkt.

Nachdem sie ihre Einkäufe in den Wagen gelegt hatte, ging sie zur Kasse. Auf dem Weg dorthin schnitt sie in einer Kurve einer junge Mutter mit ihren beiden kleinen Kindern den Weg ab, sodass sie dort vor ihnen ankam und ihren Einkauf auf das Band legen konnte. Anita zog jedes Produkt über den Scanner. Soeben hatte sie das erste Schälchen mit Himbeeren gescannt, als es am Band laut wurde. „Der Preis für die Himbeeren, den Sie da gerade eingegeben haben, stimmt nicht. Die sind im Angebot für 2,50 Euro." Anita blickte überrascht zu der Kundin auf. „Eingegeben habe ich gar nichts. Ich habe die Schale über den Scanner gezogen, und das System hat den Preis von 2,99 Euro angezeigt." Anita hob ihre mit edlem Schmuck beladene Hand, um ihre Sonnenbrille tiefer ins Haar zu drücken. „Warum setzen die hier nur solche ahnungslosen Tussis an die Kasse. Die ist so blöd, dass sie noch nicht einmal die Preise in ihrem Laden kennt." Laut sagte sie jedoch: „Ich hab' das soeben erst in Ihrer Zeitungswerbung gelesen und da stehen sie für 2,50 Euro."

„Moment – wir fragen einfach mal bei unserem Marktleiter nach." Anita griff nach dem Klingelknopf unter ihrer Kasse. Inzwischen hatte sich hinter Bettina schon eine kleine Schlange gebildet. Die Mutter mit den beiden Kleinen, ein Mann mittleren Alters, eine ältere Dame und ein junger Mann aus der Fraktion Studenten. Nach wenigen Minuten näherte sich ein junger, sympathisch aussehender Mann. Offensichtlich der Marktleiter. „Na, Anita, gibt's ein Problem?" „Ja, Mehmet. Die Kundin hier meint, dass die Schale mit den Himbeeren im Angebot für 2,50 Euro ist. Das System hat sie aber beim Scannen mit 2,99 Euro ausgewiesen. Welcher Preis stimmt denn nun?" Bettina konnte innerlich nur mit dem Kopf schütteln. „So ein ahnungsloses Mäuschen mit Hauptschulabschluss und dann ein sogenannter Marktleiter aus der Türkenfraktion. Was ist das hier nur für ein armseliges Niveau."

Mehmet lächelte die Kundin freundlich an: „Das Angebot, auf das Sie sich beziehen, galt gestern. Da stand es auch in der Werbung. Aus Kulanzgründen gilt dieses Angebot dann auch noch am Folgetag bis 12 Uhr. Wenn Sie einmal auf Ihre Uhr schauen, wir haben es jetzt 14.30 Uhr. Diese zeitliche Beschränkung ist auch auf einer Tafel, die über dem Obst hängt, vermerkt." Jetzt meldete sich auch die ältere Dame aus dem hinteren Teil der Schlange: „Der junge Mann hat recht. Ich war auch gerade beim Obstregal und wollte die Himbeeren nehmen. Dann habe ich aber die Tafel darüber gesehen." „Kann jetzt hier vielleicht jeder ungefragt seinen Senf dazugeben? Dass die Alte mit ihrer Assi-Rente Probleme hat, ist doch völlig klar." Inzwischen war es angesichts des Kassenstaus in der Schlange unruhig geworden. Der Herr mittleren Alters wirkte leicht genervt: „Na, was ist denn nun junge Frau ... nehmen Sie nun die Himbeeren oder nicht? Die Sache mit dem Preis dürfte ja wohl geklärt sein." „Mann, geh'n die mir hier aber alle auf den Zeiger. Fehlt bloß noch, dass die Assi-Tante mit ihren beiden Blagen, wahrscheinlich jedes von einem anderen Kerl, auch noch was zu sagen hat."

„Mehmet, wie geht's denn Ihrem Zahn? Hat er sich wieder beruhigt? Oder wollen Sie noch einmal zu mir in die Praxis kommen?" Die junge Mutter mit den beiden kleinen Kindern hatte den Marktleiter freundlich angesprochen. „Nee, Frau Doktor, Alles bestens. Ich hab' seit zwei Tagen keine Probleme mehr." „Ich glaub's ja nicht. Die Praxis von der ist bestenfalls ein Nagelstudio. Nennt sich Doktor und zieht Zähne. Da denkt man ... reiches, kultiviertes Zehlendorf. In Wirklichkeit geht's hier zu wie in Afrika." Anita blickte die Kundin noch immer fragend an: „Was ist denn jetzt mit den Himbeeren?" „Unter diesen Voraussetzungen verzichte ich auf den Kauf." „Anita, lass mal", Mehmet lehnte sich freundlich zu ihr herunter, „ich bring die beiden Schalen gleich wieder zum Obstregal". Anita bedankt sich mit einem kleinen Lächeln und wandte sich Bettina wieder zu: „Zahlen Sie bar oder mit Karte?" „Natürlich mit Karte", gab Bettina schnippisch zurück und schob die Kreditkarte in das Lesegerät. „Sie müssen Ihre PIN noch einmal eingeben", erinnerte Anita sie. „Entweder Sie haben sich vertippt oder es ist die falsche PIN." Bettina startet erneut einen Versuch, wieder Fehlanzeige. „Haben Sie denn die richtige Karte dabei?", Anita blickte fragend zu ihr auf. „Sie haben recht ... das ist ja die Karte von meinem Mann." „Na, dann geben Sie doch einfach seine PIN ein", auch bei Anita machte sich langsam Ungeduld breit. Bettina sah sie entrüstet an: „Na denken Sie vielleicht ich kenne seine PIN, das ist doch wohl sehr persönlich." „Ditt gloob ick jetzt nich. Ick denke Sie sind verheiratet?" Der ältere Herr, in der Schlange, schüttelte verständnislos seinen Kopf. „Hamse Kinder? Sind die ooch nach *persönlich* aufjeteilt ... oder vielleicht doch eher *jemeinsam*?" Bettina stand kurz vor einem Nervenzusammenbruch oder einem Wutanfall. „Na dann zahlen Sie den Einkauf einfach in bar", brachte Anita sich wieder in Erinnerung. „Ich habe nur die Karte dabei. Kann ich den Wagen hier bei Ihnen an der Kasse stehen lassen? Ich bin in einer halben Stunde wieder da." „Na gut, ich schieb den hier an die Seite ... bis später."

Bettina verließ fast fluchtartig den Supermarkt. Sie dachte auch nicht eine Sekunde daran, in absehbarer Zeit wieder hierher zurückzukehren. Das hatte sich nach diesen Erfahrungen erledigt.

Die Spur der Scheine

Als der Frauenarzt seiner Patientin Frau Weller während der Ultraschall-Untersuchung eröffnete, dass sie mit Zwillingen schwanger sei, hielt sich die aktuelle Begeisterung der werdenden Eltern in überschaubaren Grenzen. Ein Baby ... na klar, hatten sie doch einiges für dieses Ziel investiert. Aber zwei auf einen Streich, das war mit Sicherheit nicht der Plan gewesen. Egal – jetzt war es so wie es ist, und mit ein wenig Abstand stellte sich dann auch bei den *Eltern in spe* die normale Vorfreude auf die zwei neuen Familienmitglieder – es würden zwei Mädchen werden – ein.

Die Schwangerschaft verlief den Umständen entsprechend ohne größere Komplikationen ab. Am 9. Mai, es war ein Samstag, setzten die ersten Wehen ein. Die Tasche für das Krankenhaus stand griffbereit, und ab ging's in die nahe gelegene Klinik. Als sie am frühen Abend dort ankamen, war Abstand zwischen den Wehen kürzer geworden. Der behandelnde Arzt gab jedoch erst einmal Entwarnung aus: „Frau Weller, bei dem ersten Kind dauert es erfahrungsgemäß immer ein wenig länger. Geh'n Sie mit Ihrem Mann hier im Klinikbereich noch ein bisschen spazieren. Die beiden Kleinen werden sich schon rechtzeitig in Erinnerung bringen. Sollte nichts Ungewöhnliches passieren, sehen wir uns hier in einer halben bis dreiviertel Stunde wieder." Er nickte ihr aufmunternd zu, stand auf und verließ mit wehendem Kittel den Raum. Beate Weller rappelte sich auf ihrer Liege hoch, richtete die Garderobe und schlurfte nach draußen auf den Flur, wo Gerd, der angehende Vater, schon angespannt wartete. „Soll noch ein bisschen hier im

Klinikbereich herumlaufen. Ist noch nicht so weit." Da es an diesem Abend vorsommerlich mild war, gingen die beiden in den kleinen Park vor dem Krankenhaus. Dieser Ablauf, bei dem die Rundgänge von Mal zu Mal kürzer wurden, wiederholte sich mehrmals.

Inzwischen war es fast 23 Uhr. Die Wehen kamen jetzt in immer kürzeren Abständen. Die Fruchtblase hingegen zeigte, im Gegensatz zu den ermüdenden Eltern, noch immer keine Schwäche. Plötzlich, ohne jede Vorwarnung, ging es los. Zum Glück hatten sie sich in den letzten Minuten in der Nähe der Entbindungsstation aufgehalten, so dass die Schwangere, als die Fruchtblase platzte, sofort von der Hebamme in Empfang genommen wurde. „Herr Weller, nehmen Sie ruhig noch einmal hier draußen Platz. Soweit ich informiert bin, wollen Sie ja bei der Geburt dabei sein, oder?" Der angehende Vater nickte nervös. Die nächsten Minuten kamen ihm wie eine Ewigkeit vor. Endlich öffnete sich Tür zum Kreissaal. War es nun eine Schwester oder gar die Hebamme, Gerd wusste nur, dass sie Maria hieß, so um die vierzig, dunkler Wuschelkopf und sehr freundlich. „Na dann kommen Sie mal mit Herr Weller. Sie müssen sich wegen der Hygiene noch ‚n bisschen verkleiden."

Mit seinem Häubchen, den Überschuhen, dem Kittel und Mundschutz passte er zwar perfekt in das klinische Ambiente, er selbst hingegen, kam sich in dieser *Verkleidung* ziemlich albern vor. „Herr Weller, Sie stellen oder setzen sich am besten neben das Kopfende des Bettes. Sie können Ihre Frau von dort aus am besten unterstützen." „Dann kann ich aber gar nicht die Geburt meiner Kinder verfolgen. Hier oben sehe ich ja Nichts." Das hatte er sich völlig anders vorgestellt. „Das hat schon alles seinen tieferen Sinn, Herr Weller. Das beruht einfach auf unseren langjährigen Erfahrungen mit den anwesenden Vätern. Die Position dort oben ist perfekt und ganz ehrlich ... Sie sehen doch Ihre Frau. Ich denke, das ist doch sehr viel mehr als Nichts." Schwester Maria hatte ruhig, fast sanft gesprochen, ohne auch nur den leisesten Zweifel aufkommen zu lassen, dass hier irgendwas verhandelbar sei.

Bei Erstgebärenden ist der Geburtskanal enger und noch nicht so angepasst, wie bei Frauen, die schon mehrere Kinder auf die Welt gebracht haben. Für Beate war es nicht nur die erste Veranstaltung dieser Art, und es waren auch noch zwei kleine Mädchen, die ans Licht der Welt wollten. Als der Geburtsvorgang einsetzte und Arzt und Hebamme der werdenden Mutter mit gezielten Anweisungen hilfreich zur Seite standen, kam sich Gerd zunehmend überflüssig vor. Er sollte doch und er wollte es ja auch ... *helfen*. Irgendwann begann er sich in den Dialog zwischen Medizin und Mutter einzuklinken. Er hechelte, er presste, er feuerte an, er sah sich fast schon selbst auf dem Entbindungsbett. Unvermittelt machte Beate – ihr Kopf war hochrot von der Anstrengung, die verschwitzten, nassen Haare klebten in ihrem Gesicht – eine Pause: „Mensch Gerd, kannste nicht endlich mal die Klappe halten. Du machst mich ja ganz nervös." Er war völlig perplex, sah verstört und hilflos auf seine Frau hinunter. Maria nahm ihn sanft am Arm und führte ihn in den hinteren Teil des Raumes: „Herr Weller, das ist eine ganz normale Reaktion Ihrer Frau. Für die Gebärenden ist in dieser Situation nur eins wichtig, dass ihr Mann an ihrer Seite ist, ihr hin wieder liebevoll über den Kopf streichelt oder mit einem Tuch den Schweiß von der Stirne tupft. Das ist alles, und es tut Ihrer Frau gut. Also, die Kommandos kommen von uns. Sie streicheln und tupfen, alles klar?" Gerd nickte still und einsichtig. Nachdem die Rollen um die werdende Mutter herum nun klar verteilt waren, kam Struktur in den Ablauf. Während am Bettende zunehmend Fahrt einsetzte, drückte er die Hand seiner Frau, strich ihr liebevoll übers Haar und vergaß auch nicht den Einsatz des kleinen Tuches für den Schweiß.

Der 10. Mai, ein Sonntag, war schon angebrochen, als der erste Babyschrei den Raum erfüllte. Emma sollte das erste Mädchen heißen. Als sich nur kurze Zeit später auch Lena, Nummer zwei, den Weg ins Freie erkämpft hatte, quakten die beiden Neuankömmlinge kräftig um die Wette. Gerd hatte schon im Vorfeld deutlich zu erkennen gegeben, dass er auf die Nummer mit der Nabelschnur gerne verzichten würde. Die junge Mutter wurde abschließend medizinisch versorgt und auf die Station gebracht. Das Dreigespann aus Mutterbett, Babywagen und dem Vater, inzwischen wieder zivil gekleidet, erreichte das Stationszimmer. Maria legte Beate die beiden Babys rechts und links in den Arm. Obwohl die Kleinen noch ein Tuch über ihren Köpfchen trugen, lugten bei Emma blonde und bei Lena pechschwarze Haarsträhnen hervor. Vom ersten Moment ihres Erdendaseins an waren diese zwei kleinen Wesen so herzig und allerliebst, dass jeder sie im Arm halten und fast nicht wieder hergeben wollte. Lebhafte Kulleraugen, fröhliche, liebenswerte kleine Menschlein. An diesem Bild änderte sich auch nichts, als beiden Mädchen zwei Jahre später, noch immer etwas unsicher auf ihren kleinen Beinchen, durch die Wohnung tapsten und für so manche Überraschung sorgten.

Lustiges, allerdings kaum Verständliches vor sich hin

plappernd, beschlossen sie eines Vormittags, den Inhalt des Besenschranks mal eben mit einige Gegenständen aus der angrenzenden Speisekammer zu ergänzen. Die beiden standen quietschvergnügt in der Küche, blickten aus strahlenden Äuglein zu ihrer Mutter auf, die im ersten Moment noch entsetzt und fassungslos, beim Anblick ihrer Töchter jedoch allen Ärger vergaß und sie liebevoll in die Arme schloss.

Waren Emma und Lena schon als Babys ein Augenschmaus, ging diese erfreuliche Entwicklung mit dem Beginn der Schulzeit ungebremst weiter. Während Lena ihre bei der Geburt schwarze Haarfarbe behalten hatte, war aus Emmas ehemals blondem Lockenkopf eine feuerrote Mähne geworden. Da sie keine eineiigen Zwillinge waren, kamen sie, ohne anderen hier zu nahe treten zu wollen, Gott sei Dank, nicht wie das *Doppelte Lottchen* um die Ecke. Dennoch waren sie von der ersten Minute an unzertrennlich, hingen zusammen wie Pech und Schwefel.

Mit jedem neuen Lebensjahr wurden sie hübscher, attraktiver, stellten ihre männliche Umgebung vor immer neue Herausforderungen. Die beiden nahmen das wohlwollend zur Kenntnis. Beeindrucken konnte sie das allerdings nicht. Erst als sie das Abi in der Tasche hatten, trennten sich vorübergehend ihre Bildungswege. Emma entschied sich für ein Informatikstudium, während Lenas Wahl auf BWL fiel. Mit einem Abi-Schnitt von 1,0 und 1,1 konnten sie sich die Uni praktisch aussuchen. Da sie in Schlagdistanz zu den Eltern und in Brandenburg bleiben wollten, kam nur die Uni Potsdam in Betracht. Sie blieben auch jetzt das unzertrennliche Team. In Babelsberg fanden sie eine kleine Wohnung. Emma und Lena waren sich, ohne dass es hier einer strategischen Absprache bedurft hätte, absolut einig: „Keine Kerle. Volle Pulle nur fürs Studium." Ihre männlichen Kommilitonen verzweifelten: „Da laufen diese beiden Granaten durch die Gegend und lassen uns alle freundlich, aber eiskalt auflaufen." Das bedeutete aber nicht, dass die zwei wie Einsiedler lebten. Sie trafen sich häufig in der Potsdamer Altstadt mit Kommilitonen aus ihren Studiengängen, machten hin und wieder an den Wochenenden gemeinsame Fahrradtouren.

Das Studium zogen sie mit großem Lerneifer und voller Konzentration knallhart durch. An den Bachelor wurde selbstverständlich sofort der Master rangehängt. Das, was sich im Kindesalter schon angedeutet hatte, zeichnete sich zunehmend klarer ab. Emma war der wagemutige, das Risiko, die eigenen Grenzen auslotende Typ. Für sie gab es nicht nur den einen durch Einsicht und Vernunft vorgezeichneten Weg, sondern viele neue, bisher noch nicht beschrittene Pfade. Lena hingegen war besonnen, nüchtern und sachlich abwägend. Sie wirkte stets cool und beherrscht, spontanes Ausbrechen auf unbekanntes Terrain, entsprach so gar nicht ihrem Wesen. Vermutlich lieferte dieser Mentalitätsunterschied den zusätzlichen Kitt, der die beiden Schwestern so eng verband. Sie schlossen ihr Studium mit einem hervorragenden Ergebnis ab.

Emma zog es nach Berlin. Sie wollte bei einem der vielen jungen Startups anmustern, weil sie hoffte, dort ihre außergewöhnliche Fähigkeiten im IT-Bereich weiterentwickeln zu können. Lena landete bei einer der größten Banken Deutschlands. Da die beiden jungen Frauen mit derselben Zielstrebigkeit und dem gleichen Engagement ans Werk gingen, das sie schon während ihres Studiums ausgezeichnet hatte, führte ihr Weg nur in eine Richtung, nach oben. Ihr Charme und ihre Attraktivität befeuerten das Ganze.

Emma liebte die Herausforderung. Saß sie vor ihrem Rechner, spürte sie immer wieder den Drang, die Strukturen und Sicherungen anderer Systeme nicht nur zu studieren, sondern sie auch zu knacken. Sie war inzwischen zu dem geworden, was man gemeinhin unter einem *Hacker* verstand. Als Lena sie am Wochenende in ihrer Berliner Wohnung in *Prenzelberg* besuchte, spürte sie sofort, dass ihrer Schwester irgendetwas auf der Seele lag. „Sag mal, bist du frisch verliebt? Oder macht deine digitale *Zauberbude* gerade eine Grätsche?" Sie sah Emma prüfend aber auch ein wenig teilnahmsvoll an. „Nee Lenchen, da ist alles unverändert. Nee, alles im grünen Bereich." „Also, ein paar Tage kennen wir uns ja nun schon. Ich weiß ganz genau, wenn dir etwas im Kopf herumschwirrt. Du wirst dann immer ganz fummelig." „*Fummelig* ... was soll denn das heißen?" Emma blickte ihre *kleine Schwester* – sie war schließlich fast 5 Minuten älter – mit einem leichten Kopfschütteln an.

„Willste auch ‚n Kaffee?" Sie war schon auf dem Weg in die Küche. „Mir würde ein doppelter Espresso gefallen", rief Lena ihr nach. Als sie kurze Zeit später im Wohnzimmer saßen, rührte Emma sehr nachdenklich in ihrer Tasse herum. „Also gut", unterbrach sie das Schweigen. „Ich glaube, ich bin da einer Riesensauerei deiner Bank auf die Schliche gekommen." Lena blickte ihre Schwester überrascht und skeptisch zugleich an. „Was soll denn das heißen. Emma, wir haben bei uns ein internes Kontrollsystem. Wir haben außerdem noch die Bankenaufsicht. Alles ist perfekt miteinander vernetzt. Da hat doch keiner eine Chance, krumme Dinger zu drehen. Nee ... glaub ich einfach nicht." Damit lehnte sie sich überzeugt und selbstbewusst in den Sessel zurück.

„Lena, das Ganze ist von eurer Obersten Heeresleitung hervorragend organisiert worden. Die Bank hat besonders vermögenden Kunden ein sehr attraktives Anlagemodel angeboten, mit dem diese am Fiskus vorbei mal richtig fett Steuern sparen und sich ein Vermögen aus sogenanntem Schwarzgeld zulegen konnten. Das ist aber noch nicht alles. Ich denke, dass deine Bank diesen Kunden darüber hinaus Kontakte vermittelt hat, über die sie dann ihre Kohle in der Schweiz auf Nummernkonten, diskret am Finanzamt vorbei, parken konnten. Ich kann zudem nicht ausschließen, dass deine Bosse mit den Schweizer Kreditinstituten eng zusammengearbeitet haben. Wenn du die Namen der Kontoinhaber liest ... na hallo, da ist alles vertreten, was gut und teuer ist." „Emma, das heißt doch offenbar nichts anderes ... du hast die Bank *gehackt,* oder?"

Lena saß – ihre Coolness der letzten Minuten war, wie weggeblasen – weit nach vorne gebeugt in ihrem Sessel. Sie fuhr sich mit beiden Händen durch ihre schwarzen Lokken, dann schüttelte sie ungläubig den Kopf. „Ich glaub's ja nicht. Meine Schwester, die *Banken-Hackerin.*" Sie wusste im Moment nicht, ob sie lauthals lachen oder sich entrüsten sollte. „Emma, du hast ‚ne Meise." Mit dieser abschließenden Feststellung ließ sie sich wieder nach hinten in den Sessel fallen. „Leni, wenn das nicht so bitterernst und moralisch abstoßend wäre, ich würde mich wie *Bolle* darüber amüsieren, dass ich deren System geknackt habe. Und gut wär's. Ich würde mich über deren alberne Systemsicherung beömmeln, alles von meinem Rechner löschen und dir vielleicht empfehlen, den Job zu wechseln. Das kann ich aber nicht. Ich kann nicht zuschauen, wie uns eine Reihe, nach außen hin, ehrenwerter Mitglieder unserer Gesellschaft auf Deutsch gesagt verarscht. In unseren Schulen sieht's zum Teil beschissen aus, unsere Fahrradwege gleichen mehr einer Achterbahn und für Lehrer, Erzieher und Pflegekräfte haben wir kein Geld, um sie angemessen zu bezahlen. Das stimmt doch hinten und vorne nicht."

Emma knallte ihre Tasse auf den Tisch und blickte ihre Schwester mit einer Mischung aus Wut und Hilflosigkeit fragend an. Lenas Gesichtsausdruck änderte sich unvermindert. Jetzt wirkte sie wieder cool und absolut konzentriert. Ihre Fragen kamen sachlich und präzise. „Können die zurückverfolgen, dass du der *Hacker* bist?" „Lenchen, du kennst mich doch. Wenn ich nicht will, dass mich einer findet, dann findet der mich auch nicht." „Sehr schön. Sind nur Bankkunden im Raum Berlin-Brandenburg betroffen oder auch in anderen Bundesländern?" „Also in Berlin wenige. Die meisten kommen aus NRW, Bayern und Baden-Württemberg." „Gut. Wir machen Folgendes. Du erstellst für jene Bundesländer, die den größten Anteil an Steuerhinterziehern haben, jeweils ‚ne hübsche kleine CD. Die schicken wir dann – darf natürlich keiner auf uns kommen – an die jeweiligen Finanzbehörden. Damit auch nichts unter den Tisch fällt, lässt du den großen Tageszeitungen sowie dem *öffentlich-rechtlichen* Sendern anonyme Informationen über diese Nummer zukommen. So, mein Engel, und dann ... dann warten wir beiden Hübschen mal ab, wie sich das Ganze weiterentwickelt."

Nach diesem Vortrag lehnte sich Lena breit grinsend,

jetzt wieder völlig locker, in ihren Sessel zurück. Emma hatte sie nicht unterbrochen, statt dessen hatte Emma sie mit immer größerer Aufmerksamkeit und wachsender Freude beobachtet. Jetzt erhob sie sich von ihrem Sessel und breitete beide Arme aus: „Komm her Lenchen. Du bist ja ein noch größeres Luder, als ich je gedacht habe. Aber genauso machen wir's. In ein paar Tagen wird hier in der Republik einigen der Arsch kräftig auf Grundeis gehen. Den verpassen wir mal ,n richtig schönen Einlauf."

Die Medienberichte und die Steuer-CDs brachten nach wenigen Tagen, wie von den beiden vermutet, Stimmung in die Bude. Der Presse-Sprecher der Bank faselte fadenscheinige Erklärungen, die Finanzchefs der betroffenen Bundesländer kamen aus dem Grinsen gar nicht mehr heraus, und der Bundesfinanzminister hatte alle Hände voll zu tun, um ja nicht den Eindruck aufkommen zu lassen, er habe zu irgendeinem Zeitpunkt auf der falschen Seite gestanden. Dieses Geld, das war klar, würde in naher Zukunft nicht mehr auf der Bank liegen.

Zwei am Zaun

Trudchen war eine kleine, noch sehr rüstige alte Dame, die inzwischen zur Generation *70plus* gehörte. Seit einigen Jahren lebte sie jetzt allein in ihrem Haus mit dem schönen Garten. Eines Morgens, sie hatte mit ihrem Mann Albert wie immer auf der Terrasse beim Frühstück gesessen, war er – sie glaubte, er sei wie so oft mal kurz eingenickt – ohne Vorwarnung und ohne Abschied ganz plötzlich von ihr und von dieser Welt gegangen.

Die erste Zeit nach seinem Tod war für sie nicht einfach gewesen. Eigentlich hieß sie ja Gertrud, aber Albert hatte sie von Anfang an nur *Trudchen* genannt. Sie hatten immerhin über vierzig Jahre zusammen gelebt. Neben dieser emotionalen Lücke in ihrem Leben waren Haus und Garten von diesem Moment an zu einer echten Herausforderung geworden. Bald hatte sie jedoch sehr pragmatische Lösungen gefunden, um die körperliche Belastung in Grenzen zu halten. Bei den Mahlzeiten, wenn der Platz gegenüber leer blieb, stellten sich jedoch immer wieder Wehmut und Traurigkeit ein. Wenn sie aber in Haus und Garten herumwerkeln konnte, verschwanden diese dunklen Gedanken, und sie fühlte sich voller Tatendrang. Als sich dann das erste Mal die trübe, kalte Jahreszeit einstellte, sie nicht mehr draußen bei ihren Blumen sein konnte, wurde es schwer. Aber auch jetzt, fand sie schnell eine passende Lösung.

In einem dieser Gemeindebriefe, die sie hin und wieder im Briefkasten vorfand, las sie, dass in ihrem Gemeindehaus an den Nachmittagen zahlreiche Veranstaltungen für Senioren angeboten wurden. An einem Tag gab es, neben Kaffee und Kuchen, Lesungen von neuen, noch unbekannten Autoren, dann wieder eine Musik und Tanzveranstaltung, und an einem anderen Nachmittag standen Gesellschaftsspiele auf dem Programm. An einem dieser Spieletage war sie mit Erwin ins Gespräch gekommen. Sie kannte ihn bisher nur vom Sehen. Er hatte mit seiner Frau vor einigen Jahren das Grundstück nebenan gekauft. Seine Frau war ein Jahr, nachdem ihr Albert eingeschlafen war, ebenfalls verstorben. Man sah sich, wenn man im Garten herumpusselte, grüßte sich über den Zaun hinweg, das wars dann aber auch schon. Jetzt, im Gemeindehaus, begegneten sie sich fast regelmäßig, unterhielten sich miteinander und gingen gemeinsam nach Hause.

Als Trudchen im Frühjahr wieder hinaus in den Garten konnte, fielen die Nachmittage im Gemeindehaus der jetzt anstehenden Arbeit mit Blümchen und Co zum Opfer. Erwin sah sie jetzt häufiger als in den Wintermonaten. Nun wurde nicht nur locker von Weitem gewinkt, sondern oft auch am Zaun Expertenwissen über das Pflanzen, Gießen und Zurückschneiden ausgetauscht. „Na Trudchen", sie waren seit einem der vielen gemeinsamen Heimwege per Du, „haste deinen Rasen ooch schon gekalkt?" Erwin, stattliche 1,80 m groß, auch schon über siebzig, aber noch immer voller Energie, hatte sich mit beiden Händen auf den Zaun gestützt. „Nee Erwin, in diesem Jahr mach ich das nicht. Der sieht eigentlich ganz gut aus. Muss vielleicht mal wieder ein bisschen Löwenzahn ausstechen." „Also, wenn dir ditt recht ist ... ick könnte, wenn ick mit meinem durch bin, bei dir auch vertikutieren. Da hol'n wa ja ooch das Moos und ,n Menge Unkraut aus dem Rasen raus. Na, watt hälste von meinem Angebot?" Trudchen sah ihn überrascht an. „Das finde ich ja wirklich toll, wenn du das machen würdest. Aber ich nehme dein Angebot nur an, wenn ich dich hinterher zu Kaffee und Kuchen einladen darf." Erwin, ein stattliches Mannsbild, der nicht unbedingt an Unterernährung litt, strahlte über das ganze Gesicht.

„Mensch, Trudchen, Kaffee und Kuchen, ditt is doch ditt reinste Bonusprogramm. Wenn's um Kaffee und Kuchen jeht ... da könnte ick glatt jede Woche bei dir vertikutieren." „Erwin, mach' dir mal deshalb keine Sorgen. Ich backe gerne und schaffe ohnehin nicht einen ganzen Kuchen. Da werde ich dich hin und wieder schon mal um ein wenig Unterstützung bitten müssen", dabei zwinkerte sie ihm mit dem rechten Auge lächelnd zu. „Ein Pfiff und ick steh' bei dir mit umjebundenem Lätzchen uff der Matte. Also, wenn ditt Wetter mitspielt, denn würde ick bei mir in zwei Wochen loslegen. Ditt heißt, in drei Wochen würde ick deinen Rasen in Angriff nehmen. Würde ditt bei dir passen?" „Erwin, das wäre Klasse. Den Kaffee und den Kuchen gibt es natürlich wie versprochen."

Inzwischen waren drei Wochen vergangen. Seit 10 Uhr pflügte Erwin heute nun durch Trudchens Rasen. Es war ein wunderschöner, sonniger Tag und der hilfsbereite Nachbar kam richtig ins Schwitzen. Ging ihm das Vertikutieren noch locker von der Hand, brachte ihn das anschließende Harken und Einsammeln ganz schön ins Schnaufen. Die Aussicht jedoch, mit Trudchen später gemeinsam auf der Terrasse zu sitzen, ließ ihn noch einmal richtig in die Kurbel treten. Nach gut drei Stunden war nicht nur Erwin, sondern auch der Rasen geschafft. „Mann Trudchen, Sonne is ja was Feines, aber bei dieser Nummer – da hätte ick mir hin und wieder ooch mal ‚ne kühles Lüftchen jewünscht", er ließ sich erschöpft auf der Terrasse am gedeckten Kaffeetisch nieder. „Ich habe den Apfelkuchen erst vor einer Stunde aus dem Ofen geholt, der ist noch ganz frisch." Sie legte ihm ein besonders großes Stück auf den Teller. „Trudchen, der duftet nicht nur, der is ooch geschmacklich ‚ne glatte Eins. Den hätte meine selige Gerti ooch nicht besser hinjekricht." Genüsslich piekte er das letzte Stückchen auf seine Gabel.

„Haste vielleicht noch ‚n Schluck Kaffee in der Kanne? Nich, dass de mich jetzt falsch verstehst und denkst, der Kuchen is zu trocken. Nee, nee, nee, war ganz großes Kino, aber zum Kuchen gehört einfach ein Tässchen Kaffee, oder?" Trudchen lächelte verständnisvoll und schenkte noch einmal nach. Das Verhältnis zwischen den beiden – über den Zaun hinweg – hätte sich kaum besser entwickeln können. Erwin half, wann immer er Trudchen bei der Gartenarbeit entlasten konnte, und sie bewirtete ihn stets aufmerksam, fast liebevoll.

Langsam, dann immer spürbarer, zogen jedoch dunkle Wolken auf. Weniger am Himmel, da herrschte weiterhin herrliches Sommerwetter, eher in der bis dahin so harmonischen Beziehung der beiden. Erwins verstorbene Frau Gerti hatte zwei Jahre vor ihrem Tod in der Nähe des Zauns, etwa in Höhe jener Stelle, wo Trudchens ganzer Stolz, ihr kleines Blumenparadies lag, einen winzigen Fliederbusch gepflanzt. In der ersten Zeit war er keinem so recht aufgefallen. Erst als er dann zu blühen begann, weiße wunderschöne Dolden trug und herrlichen Duft verbreitet, fanden ihn alle – egal auf welcher Seite des Zauns – ganz bezaubernd. Da er aber nicht so klein und knuffig blieb, sondern in den letzten beiden Jahren richtig Fahrt aufgenommen hatte, änderte sich einiges an dieser Wertschätzung. Das galt jedoch ausschließlich für Trudchens Seite. Ihr farbenprächtiges

Blumenbeet, ein echter Augenschmaus, lag jetzt fast ausnahmslos im Schatten, selbst bei Starkregen fiel das Wasser nur noch in homöopathischen Mengen auf die Blümchen. Trudchen hatte zwar viel Sonne im Herzen, für ihre kleinen Lieblinge, dort im Schatten des Fiederbusches, reichte die jedoch nicht.

Jetzt hockte sie wieder vor ihrem Blümchen. Als Erwin sie erblickte, trat er an den Zaun und schaute gleichfalls etwas bekümmert auf sie und das Beet. „Na Trudchen, in diesem Sommer kommen deine kleinen Blümchen nicht so richtig in die Gänge, oder? Haste denn schon herausjefunden woran ditt liegt?" Sie blickte erschrocken auf, hatte den Nachbarn garnicht kommen hören. „Na klar hab' ich was herausgefunden. Der Grund für dieses Elend steht genau neben dir." Bei diesen Worten blickte sie ihn traurig und vorwurfsvoll zugleich an. Erwin zuckte fast ein wenig zusammen. Er schaute nach rechts und links. Ein sichtbarer Erkenntnisgewinn wollte sich aber nicht einstellen. „Trudchen, wie meinste denn ditt?" „Sag mal bist du so blind oder tuste nur so? Schau doch mal auf dieses Monster von Fliederbusch. Da kommt seit Monaten kein einziger Sonnenstrahl durch, und selbst wenn es wie aus Eimern gießt, bleibt hier bei mir alles furztrocken. Wenn de dem hin und wieder einen kleinen Faconschnitt verpassen würdest, dann gäbe es hier nicht diesen traurigen Anblick." Erwin schluckte.

„Also den Fliederbusch hat meine Gerti damals noch gepflanzt. Sie liebte Flieder über alles. Wenn ick jetzt an diesem Busch herumschnippeln sollte, denn hätte ick glatt ditt Gefühl, ick würde an ihr herumschnippeln. Bei aller Freundschaft, Trudchen, ditt kannste nicht ernsthaft von mir verlangen." „Mensch, Erwin, das ist doch nur ein Busch", Trudchen sah ihn vorwurfsvoll an. „Und ditt bei dir sind nur och nur ‚n paar Blumen", mit diesen Worten drehte er sich um und stapfte Unverständliches vor sich hin murmelnd zu seinem Haus. Sie blickte ihm nachdenklich hinterher.

Noch während sie da so gedankenverloren stand, tauchte, erst undeutlich und kaum wahrnehmbar, dann aber immer klarer ein Gedanke, eine Idee, ein Plan auf, der sie plötzlich entspannt lächeln ließ. Sie räumte ihre Gartengeräte in den Korb und ging, jetzt von ihrem heimlichen Plan restlos überzeugt, zum Geräteschuppen und stellte diesen dort ab. Als sie den Schuppen abschloss und wieder ihrer Terrasse zustrebte, ging sie nicht mit leeren Händen. Trudchen hatte zwar den Korb ordentlich abgestellt, aber anschließend die große Astschere von der Wand genommen. Diese trug sie nun sorgfältig unter ihrer Arbeitsschürze verborgen mit zur Terrasse. „Wenn Erwin heute Abend mit seinem Bierchen vor der Flimmerkiste sitzt, dann werde ich mal mit ein paar strategischen Schnitten an dem Fliederbusch für etwas mehr Durchblick und weniger Regenschutz sorgen. Da wird mein lieber Nachbar zwar einige Zeit schmollen, aber abgeschnitten bleibt abgeschnitten." Bei diesen erfreulichen Aussichten lächelte sie entschlossen. Jetzt, da sie davon überzeugt war, für ihr Problem eine Lösung gefunden zu haben, sehnte sie den Abend, die Dunkelheit herbei.

Endlich, es war schon weit nach 22 Uhr, öffnete sie leise die Terrassentür und schlich hinaus in den Garten. Ein kurzer Kontrollblick zu Erwins Haus zeigte ihr, dass dort ganz offensichtlich der Fernseher lief. Vorsichtig, jedes verdächtige Geräusch vermeidend, bewegte sie sich langsam auf den Zaun und den Fliederbusch zu. Soeben hatte sie die Astschere gehoben, um den ersten Schnitt anzusetzen, als sie ganz unvermittelt der Lichtkegel einer Taschenlampe traf. Erwin stand, als hätte er sich vom Fernseher hierher in den Garten *gebeamt*, mit der Lampe am Zaun. „Hab' ick mir doch fast jedacht. Trudchen, dass du aber zu solche drastischen Mittel greifst, hätt ick mir in meine kühnsten Träume nicht wirklich vorstellen könn'. Schleichst dich hier heimlich durch'n Garten, um meinen Fliederbusch eene mitzujeben. Ick erkenn dir nich mehr wieder. Pfui Deibel."

Als sie der Lichtstrahl traf, war Trudchen vor Schreck die Astschere aus den Händen geglitten. Nur langsam fand sie ihre Fassung wieder. Sicher, Erwin hatte im Prinzip nicht unrecht, wenn er ihre Aktion als nicht ganz sauber empfand. Dennoch, die Trauer über ihre geliebten Blümchen und seine Sturheit, ihr ein wenig entgegenzukommen, brachten sie wieder in die Spur. „Wenn du nicht so verbohrt und stur gewesen wärst, wäre ich gar nicht auf diese Idee gekommen. Etwas mehr Verständnis für mich, und wir beide würden hier heute Abend nicht so blöd rumstehen. Kannste mal leuchten, ich kann meine Schere im Dunkeln nicht finden." Erwin pumpte wie ein Maikäfer. „Bei dir piepst wohl. Erst rennste mit ditt Mörderwerkzeug hier nachts durch de Botanik, und denn soll ick ooch noch beim Suchen helfen." Bei den letzten Worten hatte er, wie zur Bekräftigung seiner Sicht der Dinge, die Lampe ausgeknipst. „Trudchen, ick hab dir im Auge. Ditt war dein erster und letzter Versuch."

In der Dunkelheit hörte Trudchen, wie er sich entfernte und zu seinem Haus zurücklief. Sie tastete vergeblich nach ihrer Schere und beschloss, die Angelegenheit auf den nächsten Tag zu verschieben. Enttäuscht über den missglückten Kahlschlag, aber auch ein bisschen schuldbewusst, dass sie mit diesem Vorfall das Verhältnis zu Erwin ernsthaft belastet haben könnte, ging sie wieder in ihr Haus zurück.

Es war August, dem Kalender und Wetter nach Hochsommer, doch über diese beiden aneinandergrenzenden Grundstücke war die Eiszeit hereingebrochen. Kein Plausch am Zaun, kein freundliches Winken, wenn man einander sah, von gemütlichem Zusammensitzen bei Kaffee und Kuchen ganz zu schweigen.

Als Sommer und Herbst sich verabschiedeten, der Winter nun das Land fest im Griff hatte, überdeckte eine Schneedecke die Gärten rechts und links vom Zaun gleichermaßen. Die Probleme zwischen Trudchen und Erwin wurden jedoch von den weißen Flocken nicht verdeckt. Sie ging, wie in den Jahren zuvor, an den Spiele-Nachmittagen in das Gemeindehaus. Dort suchte sie sich jedoch stets einen Platz, der möglichst weit von Erwin entfernt war. Auch der Heimweg wurde jetzt zu einer Solonummer.

Als das Frühjahr anbrach, die ersten Gartenarbeiten nach den langen Wintermonaten anstanden, hatte sich an dem Verhältnis zwischen den beiden nichts geändert. Hin und wieder erhielt Trudchen Besuch von der Familie ihrer Tochter Karin. Zu ihrer Enkelin Clara hatte sie ein fast noch innigeres Verhältnis als zu ihrer Tochter. „Oma, wie geht es eigentlich Erwin? Hab ihn schon lange nicht mehr im Garten gesehen." Clara sah ihre Großmutter fragend an. „Tja Kindchen, ist leider ein bisschen kompliziert geworden seit einem Jahr. Hat sich da meines Erachtens nicht ganz korrekt verhalten." „Mutter, du willst doch wohl damit nicht andeuten, dass Erwin dir gegenüber übergriffig geworden ist?“ „Mama, was heißt denn *übergriffig*?“ Claras Blick wanderte zwischen Oma und Mutter hin und her. „Siehste, jetzt machste mit deiner Fragerei und deinen Vermutungen auch noch das Kind ganz meschugge. Nein, das Ganze hat mit dem Garten und meinem schönen Blumenbeet zu tun. Auf Erwins Seite steht ein riesiger Fliederbusch...“ „Ach ja Oma, der mit den wunderschönen weißen Blüten. Und der duftet auch immer so toll“, unterbrach Clara sie und strahlte über das ganze Gesicht. „Das mag ja mit den Blüten stimmen, Clärchen, aber auf meiner Seite ist jetzt tote Hose. Keine Sonne, kein Regen, alle Blümchen, mein ganzer Stolz, liegen jetzt auf der Nase.“

„Wenn ich mich richtig erinnere, Mutter, dann hat doch Gerti, seine verstorbene Frau, den Busch gepflanzt, oder?“ „Genau da liegt der Hase im Pfeffer. Das ist nämlich genau sein Argument, warum er den Flieder nicht herunterschneiden will. Sagt doch glatt, er würde sich vorkommen, als würde er an Gerti herumschnippeln ... pf ... son Blödsinn.“ Trudchen hatte sich richtig in Rage geredet. „Na, Oma, ein bisschen kann ich da den Erwin schon verstehen. Überleg mal, wenn Opa da etwas gepflanzt hätte? Du würdest ja auch nicht gleich mit der Schere rangehen und alles wegschneiden.“ Oma Trudchen sah ihre Enkelin erstaunt an. „Naja, so richtig ist die Sache erst eskaliert, als ich nachts heimlich etwas von dem Flieder wegschneiden wollte. Erwin hat mich auf frischer Tat ertappt. Und jetzt, jetzt haben wir eben Funkstille.“ „Aber Mutter, ihr seid doch beide erwachsene Menschen. Da hätte man doch vielleicht mal versuchen können, in Ruhe miteinander zu reden, oder?“ „Na super, jetzt hab ich nicht nur Erwin gegen mich, jetzt haut meine eigene Sippe auch noch in dieselbe Kerbe. Finde ich ganz große Klasse." Das sagte sie aber nicht, zuckte nur mit den Achseln und trotte in die Küche. Clara sah ihre Mutter an: „Und jetzt, was machen wir jetzt mit Oma?" „Wenn ich das wüsste. Ich kenn' ja meine Mutter schon ein paar Tage. Vermittelt und ausgeglichen hat immer dein Opa, Oma blieb stur wie ein Esel." Jetzt zuckte auch Karin hilflos mit den Schultern. „Ich geh' mal zu Oma in die Küche ... mal gucken, was sie macht." Clara trotte nun ebenfalls in Richtung Küche.

Auch bei Erwin, auf der anderen Seite des Zauns, gab es Familienbesuch. Sein Sohn Manfred mit Familie war überraschend eingeflogen. Erwin hatte zu seiner Schwiegertochter Regina ein gutes, zu seinem Enkel Markus ein sehr liebevolles Verhältnis. „Vater, wie geht es eigentlich Trudchen? Wann warste denn das letzte Mal zu Kaffee und Kuchen bei ihr? Du schwärmst ja immer von ihren Backkünsten." Erwin druckste ein wenig herum. „Is seit einem Jahr alles en bisschen anders jeworden." „Wieso, ist Tante Trudchen krank?" Markus sah seinen Opa mit großen Augen an. „Nee, mein Kleener. Krank isse nich. Aber wir beede haben ‚n bisken Stress wegen den Fliederbusch, den deine Oma vorn paar Jahren jepflanzt hat." „Na der sieht doch ganz toll aus Vater, da müsste doch Trudchen auch ihre helle Freude dran haben, oder?" „Junge, so einfach is ditt eben nicht. Der Strauch ist in den letzten beiden Jahren schön jewachsen, und nu meint Trudchen, der nimmt ihren Blümchen auf der anderen Seite vom Zaum de Sonne und den Regen weg. Jetzt is auf ihrem Blumenbeet im wahrsten Sinne des Wortes zappenduster. Se meint nu, ick müsste Gertis Fliederbusch runterschneiden, damit ihre Blümchen wieder in die Spur kommen. Eines Nachts hab ick sie sogar dabei erwischt, wie se heimlich mit de Astschere selber zuschlagen wollte. Na, da hab ihr aber mal gezeigt, wo Bartel den Most holt. Tja, und seit den Abend, da is jetzt Mumpe, Feierabend, Ende Gelände."

„Na Opa, irgendwie tut mir aber Tante Trudchen auch leid. Ihr Blumenbeet war wirklich einsame Klasse. Wenn die jetzt alle ‚ne Grätsche jemacht haben, is schon traurig." Erwin blickte seinen kleinen Enkel liebevoll an. „Mensch Papa, Markus hat ja nicht ganz unrecht. Verstehen kann ich dich auch ein Stück weit. Aber ihr seid doch erwachsene Menschen, da müsste man doch im Gespräch ‚n vernünftige Lösung finden können, meinste nicht?" „Läuft ja wie jeschnitten Brot. Erst hab ick mit Trudchen Stress und jetzt macht meine eigene Truppe ooch noch Druck." Laut sagte er: „Ja, vielleicht. Ick weiß auch nicht, wie wir aus dieser Nummer mal wieder rauskommen soll'n." Sichtlich geknickt, ging Erwin langsam in die Küche.

„Mann, Regina, hätteste nicht auch was sagen können. Watt machen wir den nun mit Papa?" „Watt willste denn nun hören, Manni, sollte ich etwa auch noch meinen Senf dazugeben? Ich geh' jetzt mal in die Küche und guck mal was mit Erwin los ist." Manni und Markus blickten ihr ratlos hinterher.

Es war inzwischen Sommer geworden. Ungeachtet des blauen Himmels und des herrlichen Sonnenscheins hingen über den beiden Grundstücken von Trudchen und Erwin noch immer dunkle Wolken. Eines Nachmittags, Trudchen stand gerade in der Küche, um sich einen Kaffee zu machen, klingelte es an der Gartentür. Sie blickte ratlos zur Uhr. Die Post war schon durch, Besuch erwartete sie auch nicht, unschlüssig verließ sie die Küche, um zu öffnen. Als sie hinausging, sah sie an der Gartenpforte Erwin mit einem Blumenstrauß stehen. Sie war dermaßen überrascht, dass sie für einen kurzen Augenblick nicht so recht wusste, ob sie ihre Tür gleich wieder schließen oder weitergehen sollte. Langsam ging sie zur Gartenpforte. Erwin bemühte sich entspannt zu lächeln, seine Nervosität und Unsicherheit waren jedoch unübersehbar. Auch Trudchens Herz schlug bis zum Hals, sie konnte kein einziges Wort hervorbringen. „Hallo Trudchen ... äh ... äh ... ick wollte einfach mal bei dir vorbeischauen ... äh ... na wie es dir geht, und so. Ick wollte dich auch mal fragen ... äh ... äh ... ob de vielleicht ‚n paar Minuten Zeit hättest? Ick meine ... äh ... ob wir vielleicht etwas besprechen können. Hier, für dich, hab ick vorne in den kleenen Blumenladen jekauft." Bei den letzten Worten hielt er ihr den Blumenstrauß entgegen. Trudchen stand noch immer stocksteif da, streckte dann aber doch die Hand aus, um den Blumenstrauß entgegenzunehmen. Langsam wurde sie etwas ruhiger. „Was willste denn mit mir besprechen, Erwin?" „Naja ... is vielleicht nicht so günstig, wenn wir beide hier übern Zaun reden, oder?" „Also gut, komm erstmal rein. Hab ohnehin gerade Kaffee gemacht. Vielleicht willste ja auch ein Tasse?" „Ditt würde ich sehr gerne, Trudchen."

Sie öffnete die Gartenpforte, und beide gingen gemeinsam ins Haus. „Du kannst ja schon raus auf die Terrasse gehen. Ich komme gleich mit dem Kaffee nach." Erwin nahm, so wie er das aus einer sehr schönen, leider viel zu lange zurückliegenden Zeit gewohnt war, auf seinem Stuhl Platz. Nach wenigen Minuten tauchte Trudchen mit einem Tablett samt Kaffeekanne und zwei Tassen auf. Sie goss für beide ein und setzte sich ebenfalls an den Tisch. „Trudchen, die Sache ist die. Ick hab mir mal ‚n paar Jedanken jemacht, wie wir aus unserer verkorksten Situation herauskommen können. Mich belastet das schon die ganze Zeit und es tut mir auch inne Seele leid, dass unser gutes Verhältnis so jelitten hat." Erwin räusperte sich einige Male nervös und nahm dann einen Schluck aus seiner Tasse. „Mir is da meines Erachtens eine gute Idee gekommen. Vor allen Dingen wegen deine Blümchen."

Trudchen saß kerzengerade auf ihrem Stuhl. Sie blickte ihn nicht an, vielmehr beobachtete, man könnte fast sagen, sie fixierte ihn regelrecht. Erwin ließ sich, zunehmend mutiger geworden, davon nicht irritieren. „Mir is gestern Abend plötzlich ne, wie ick meine, richtig gute Lösung eingefallen. Klingt vielleicht am Anfang ein bisken jewagt, aber so könnte es bestimmt funktionieren." Erwin machte eine kleine Pause und nahm erneut einen Schluck aus seiner Kaffeetasse.

„Also, mein Vorschlag sieht so aus. Hier in Höhe deiner Terrasse, bis zu der Stelle, wo dein Gartenhäuschen steht, nehmen wir den Zaun weg. Du könntest dann auf der anderen Seite vom Fliederbusch dein schönes Blumenbeet anlegen. Deine Blümchen bekommen Sonne und Regen ohne Ende, und ick muss Gertis Fliederbusch nich runterbrezeln. Ditt Ganze hätte darüber hinaus noch den Riesenvorteil, dass ick, wenn ick einmal in der Woche Rasen mähe, die ganze Fläche, also deinen und meinen, in einem Rutsch abarbeiten kann." Trudchen sagte zwar noch immer nichts, schien jetzt aber, weniger reserviert und ablehnend, aufmerksam zuzuhören. „Weißte Trudchen, ick hatte schon immer so'n verrückten Traum. Es gibt jetzt so kleene Motorrasenmäher zum Raufsetzen. So'n Ding wollte ick schon immer haben.

Wenn jetzt die Rasenfläche so groß wird, weil ick in beiden Gärten gleichzeitig ans Werk jehen kann, na dann würde sich doch die Sache endlich lohnen. Nebenbei ... ick kann ooch mit dem Ding vertikutieren. Also gartentechnisch würden wir da beede ganz weit vorne liegen." Erwin war in diesem Moment fast in die Rolle eines Fachverkäufers im Gartencenter geschlüpft. Auch sein Blick, seine Mimik und Gesten wirkten absolut überzeugend. „Stell dir bloß mal vor, wie schön deine Blümchen da aufleben würden, der Strauch würde nicht mehr stören, und wir könnten unsere kleinen Unstimmigkeiten endlich begraben. Na Trudchen, was hälste von meinem Plan? Sag doch ooch mal was."

Trudchen schaute Erwin jetzt ganz offen an. „Erwin, die Spannungen zwischen uns haben auch mich ziemlich belastet. Vielleicht auch deshalb, weil wir eigentlich eine schöne gemeinsame Zeit bis zu der Sache mit dem Blumenbeet und so hatten. Ach, ich hab' mich ja noch gar nicht bei dir für den schönen Strauss bedankt. Kannste mal sehen, wie mich dein Besuch aus dem Gleichgewicht gebracht hat. Also noch mal, vielen Dank für die schönen Blumen." Erwin rutschte auf seinem Stuhl ein wenig verlegen hin und her. „Trudchen, ditt mit de Blumen war mir ‚n echtet Bedürfnis."Ein fast inniges Lächeln begleitete seine Worte, und er nickte einige Male mit seinem Kopf, so als wollte er das alles noch einmal bekräftigen. „Ich finde es auch toll, dass du dir ein Herz gefasst und mich heute besucht hast", fuhr sie fort. „Ich weiß genau, wie schwer so ein Schritt ist. Mein seliger Albert hätte das auch gekonnt. Ich ... ich ... tu mich richtig schwer in solchen Situationen. Dein Plan mit dem Garten und die Lösung mit dem Zaun, ich nenn' die mal mutig, vielleicht auch ein bisschen gewagt. Andererseits, wenn man die Kuh vom Eis bekommen will ... so im übertragenen Sinn ... Wenn du verstehst, was ich meine..."

Erwin unterbrach sie kurz: „Trudchen, jenau ditt war mein Ansatz." „Ja, also wie gesagt, wenn man eine Lösung für unser Problem finden will ... dann glaube ich ... ist das eine ernsthafte Überlegung wert." Sie lehnte sich entspannt zurück, lächelte ihn aufmunternd an und griff zu ihrer Kaffeetasse. „Wenn wir ditt so umsetzen wollen, denn würde ick mit meinem Sohn Manfred sprechen. Der würde mir sofort bei der Nummer mit dem Zaun helfen. Ick würde ooch bei mir an der einen Stelle zwei Stachelbeerbüsche rausschmeißen. Die Dinger sind mir sowieso viel zu sauer, und viel dran is an die Büsche ooch nich. Denn wird es nämlich an der Stelle ‚n bisschen offener, und ick kann dann wunderbar mit meinen kleenen *Rasenbrummer* auf deine Seite fahren." „Erwin, wir machen das mal so. Heute ist Mittwoch. Am Samstag kommste am Nachmittag zu Kaffee und Kuchen, und dann sage ich dir, ob ich mit deinem Vorschlag einverstanden bin. Ist dir das recht?" „Na Trudchen, du kennst ma doch. Wenn du Kaffee und Kuchen auffährst, da bin ick sofort am Start. Ist doch klar, dass du erst mal in Ruhe über mein Projekt nachdenken musst. Ick hab ja ooch ‚ne Weile jebraucht, bis mir ditt eingefallen is."

„Erwin – ich habe mich sehr über deinen Besuch gefreut", damit erhob sie sich von ihrem Stuhl. „Ick hab mich ooch jefreut, dass wa beede wieder schön zusammenjesessen haben. Und ick freu mich auch schon auf Samstag." Sie begleitet ihn hinaus, und als er sich auf dem Weg zu seinem Haus noch einmal umsah, hob sie leicht den Arm, so als wollte sie ihm nachwinken.

Einige Wochen waren seit diesem denkwürdigen Nachmittag inzwischen vergangen. Trudchen saß auf ihrer Terrasse und beobachtete halb belustigt, halb interessiert, wie Erwin auf seiner jüngsten Errungenschaft, *dem Rasenbrummer* durch die Gegend sauste. Nicht nur ihr neues Blumenbeet hatte sich prächtig entwickelt, auch ihre frisch gewonnene Beziehung zu Erwin war fast noch harmonischer als vor ihrem Streit um den Fliederbusch. Vielleicht auch deshalb, weil sie die gemeinsame Zeit miteinander sehr vermisst hatten. Jetzt gingen die beiden noch achtsamer und rücksichtsvoller miteinander um.

Die Pumpe

Frau Schrader hob den Deckel der Truhe an, in der sie stets ihre schmutzige Wäsche sammelte, griff hinein und legte sie in den bereitgestellten Korb. Anschließend ging sie nach unten in die im Kellergeschoß ihres Hauses gelegene Waschküche. Nachdem sie *bunt* und *weiß* sorgsam getrennt hatte, startete sie die erste Waschrunde mit der Weißwäsche. Alles war wie immer. Erst ein kurzes Schmatzen, dann hörte sie das Wasser einlaufen, und nur wenig später begann auch die Trommel zu rotieren. Die Waschmaschine hatte ihre gewohnte Arbeit aufgenommen. Das Ganze würde jetzt dauern. Sie verließ die Waschküche, um sich der restlichen Hausarbeit zuzuwenden. Ihre beiden Kinder waren in der Schule, ihr Mann Klaus in seine Versicherungsagentur gefahren. Gegen Mittag würden alle wieder nach Hause kommen. Bis dahin sollten Wäsche, Haushalt und das Mittagessen fertig sein. Dachte sie zumindest.

Als Elke Schrader nach etwa einer Stunde wieder die Waschküche aufsuchte, blickte sie leicht irritiert auf die Waschmaschine. Aus ihrem Innern waren sehr merkwürdige, gurgelnde Geräusche zu hören. Die Programmanzeige kündigte *Spülen und Abpumpen* an. Es passierte jedoch weder das eine noch das andere. Etwas unschlüssig sah sie erst auf die Maschine, dann auf den Stapel *Buntes*. Der so sicher geglaubte Zeitplan schien einen etwas anderen Verlauf zu nehmen.

Plötzlich hatte sie – davon war sie in diesem Moment überzeugt – eine geniale Idee. Nachbar Bernd Kazmarek, obwohl augenscheinlich voll im Saft, war seit zwei Jahren Frührentner. Er war, soweit man das aus der nachbarschaftlichen Ferne beurteilen konnte, Single und handwerklich ein wahrer Künstler. Haus und Garten ließen keine Zweifel aufkommen – hier war ein absoluter Fachmann zu Hause. Wann immer *Berni* helfen konnte – der gute Nachbar war zur Stelle. Elke war überzeugt, diese Waschmaschine würde Berni vor keine unlösbare Aufgabe stellen. Noch während ihr diese Lösung eingefallen war, hatte sie sich schon auf den Weg zu Nachbar Kazmarek begeben. Nach dem ersten Glockenton der Haustürklingel, stand dieser, so als hätte er dort bereits auf sie gewartet, lächelnd in der Tür. „Na Elke, wo brennst denn?“ „Hallo Berni. Ja ... ja ich hab tatsächlich ein kleines Problem. Die Waschmaschine hat völlig unplanmäßig ‚ne Pause eingelegt. Steht auf *Spülen und Abpumpen* ... passiert aber nichts. Kannste nicht mal ‚n Blick raufwerfen?“

Berni würde auf alles, was im engeren oder weiteren Sinn mit Elke zu tun hatte, jederzeit einen Blick raufwerfen. Das fing schon beim Heckeschneiden an, wenn sein Blick, hin und wieder ganz unauffällig, in Richtung Nachbargrundstück, genauer gesagt in Richtung der Sonnenliege wanderte, auf der sie sich, nur wenige Minuten zuvor, im Bikini zum Sonnen niedergelassen hatte.

Jetzt, wo sie in ihrem Sommerkleidchen vor ihm stand und er nicht nur ihren hilflosen Blick, sondern, nur eine Etage tiefer, das üppige Dekolleté sah, würde er ihr überall hin, selbst in die Waschküche folgen. „Kleinen Moment, Elke. Ich hol‘ nur schnell meine Werkzeugkiste. Man weiß ja nicht ... könnte ick ja vielleicht noch brauchen.“ Er zwinkerte ihr mit dem rechten Auge zu und verschwand in Richtung Diele. Nach ein paar Sekunden tauchte er samt Werkzeug wieder auf. „Na dann wollen wir mal das störrische kleine Luder wieder zu Laufen bringen, oder?" Dabei stupste er Elke vertraulich leicht in die Seite.

Als sie in der Waschküche ankamen, war die Situation unverändert. Die Maschine schmatzte und gurgelte lustlos vor sie hin. Berni stellte seine Kiste ab und zog erst einmal den Netzstecker aus der Dose. „Sag mal, Elke, haste denn schon mal das Flusensieb gereinigt?" Elke sah ihn etwas überrascht an. „Flusen? Ich kenn' nur Flausen. Und so'n Sieb schon mal gar nicht."

Die deutsche Sprache bietet in der Tat viele Möglichkeiten, um Schönes, Gehaltvolles, aber auch Tiefsinniges zu beschreiben. Man denke nur daran, was unseren Großmeistern der Literatur, Goethe und Schiller, um nur zwei von ihnen zu nennen, ganz geschmeidig aus der Feder floss. Flausen hatten und kannten diese beiden ohne Zweifel auch. Bei Flusen hingegen, wäre auch ihnen gewiss nichts Passendes eingefallen.

Berni runzelte leicht die Stirn und fuhr dann betont fachmännisch fort: „Elke, bei jedem Waschgang lösen sich von der Wäsche kleine Gewebeteilchen, die beim Spülen dann im Flusensieb landen. Das sollte hin und wieder mal gereinigt werden, damit die Maschine störungsfrei abpumpen kann. Ich denke, das Sieb wird die Ursache dafür sein, dass die hier im Moment ,ne kleine Kunstpause einlegt." Elke hatte aufmerksam zugehört und war von Bernis sachkundiger Analyse beeindruckt. „Und jetzt, was machen wir nun?", sie sah ihren *Flusen-Experten* fragend an. „Na, ganz einfach. Ich werde das Sieb reinigen, und dann schnurrt sie wieder, wie ein Kätzchen. Siehste da unten die kleine Klappe?" Er zeigte auf die untere Kante des Geräts. „Elke, da muss man so geschmeidige Finger wie ,ne Hebamme haben. Dann musste mit viel Gefühl die kleine Scheibe fassen, langsam drehen und den Einsatz mit dem Sieb herausziehen, alles klar?"

Elke zuckte leicht mit den Schultern: „Berni, du bist der Fachmann." „Genau, deshalb haste mich ja auch geholt." Er ging in die Knie, öffnete besagte Klappe und schob seine Finger vorsichtig tastend in die Öffnung. Ob er nun mit seinen intimen Kenntnissen über das Innenlebens der Maschine vor Elke hatte glänzen wollen oder ihr Anblick samt Dekolleté ihn vielleicht doch vom Wesentlichen abgelenkt hatte – egal. In dem Moment, als er die Scheibe vor dem Sieb herumdrehte, wusste er, was in Sekundenbruchteilen folgen würde. Die Waschmaschine war proppevoll. Nicht nur mit der Wäsche, sondern vor allem mit dem vielen Wasser, das immer wieder nachgelaufen aber nicht abgepumpt worden war.

Männer neigen dazu, bei der architektonischen Planung eines Kellergeschosses den Party-, Wellness- und Heimwerkerbereich stets sehr großzügig zu bemessen. Eine Waschküche führt in der Raumplanung eher ein Schattendasein. Das traf leider auch in unserem Fall zu. Kaum hatte Berni die Verschlusskappe gelöst, schoss ihm das Flusensieb, begleitet von einem strammen Wasserstrahl entgegen. In Anbetracht des kleinen Raums klatschte das Wasser vom gefliesten Boden an die gegenüberliegende Wand und spritzte von dort nach oben. Der *Flusenexperte* hatte zwar die volle Ladung abbekommen, aber auch Elke war nicht verschont geblieben. Kreischend sprang sie in die Höhe. In nur wenigen Sekunden stand das Wasser in dem kleinen Raum knöcheltief und wurde durch das panische Herumhüpfen nun auch noch in die Senkrechte befördert. Unser *Experte*, der das Elend, in diesem Fall leider zu spät, hatte kommen sehen, hockte frustriert und pudelnass noch immer vor der Maschine. „Verdammte Scheiße. So‘n elender Mist“, murmelte er genervt vor sich hin. „Los Elke, wir brauchen Eimer und Lappen. Viele Lappen!“ In der nächsten Stunde kämpften die beiden einen verzweifelten Kampf gegen die Wassermenge, die sich im gesamten Waschraum ausgebreitet hatte. Es gab selbstverständlich einen Abfluss im Boden. Der stand jedoch in harmonischem Einklang zur Größe Raums. Weniger blumig ausgedrückt: Das Ding war popelig klein und mit dem Wasserangebot total überfordert.

Elke schleppte immer neue Tücher heran. Es war nicht auszuschließen, dass sich der häusliche Bestand an Hand-, Bade- und Saunatüchern langsam dem roten Bereich näherte. Bei der Enge des Raumes hatte sich nach kurzer Zeit eine für beide sinnvolle Arbeitsteilung ergeben. Elke rutschte auf den Knien herum, legte die Tücher aus, schob sie pitschnass zusammen und gab sie an Berni weiter. Der wrang sie über bereitstehenden Eimern aus und reichte sie wieder zurück. An beiden klebten inzwischen ihre durchgeweichten Klamotten. Wäre die Situation nicht so belastend gewesen, Berni hätte beim Blick auf Elke, an der ihr dünnes Sommerkleid jetzt fast eine zweite, äußerst transparente Haut bildete, seine helle Freude gehabt.

Langsam, sehr langsam bekamen sie wieder Ordnung in das kleine Chaos. Erschöpft hatten sie sich soeben an die Maschine gelehnt, als oben die Eingangstür geöffnet wurde. Das Trappeln von Kinderfüßen war zu hören. „Ach du lieber Himmel. Die Kinder sind ja aus der Schule zurück. Ich habe bei der ganzen Plackerei das Gefühl für die Zeit völlig verloren.“ Elke blickte resigniert zu Boden. „Mama?

Maaama ... wo bist du denn?“ Leni, die ältere der beiden Kinder, krähte durchs Haus. „Leni? ... Leeeniii. Ich bin hier unten, mit Onkel Berni, in der Waschküche. Wir hatten hier ‚n kleine Überschwemmung. Wir sind beide pitschenass. Ich muss mir erst mal das nasse Kleid aus und was Trokkenes anziehen. Ich komm‘ gleich nach oben.“ „Was gibts denn heute zu essen, Mama?“ „Leni, ich hab‘ das wegen des Wasserschadens nicht geschafft. Wir bestellen uns heute mal ‚n Pizza. Ist das okay?“ „Alles klar Mama.“

Elke ging in jenen Raum des Kellers, wo der Beutel mit der ausgemusterten Kleidung für den Kleiderbasar stand. Ein Shirt und ein paar Jogginghosen würde sie dort ganz bestimmt noch finden. Was nun folgte, erinnert an das, was wir aus Kindertagen als *Stille Post Spiel* kennen. Eine Information wird von Station zu Station etwas unvollständig verstanden und deshalb verkürzt weitergegeben. Auf diese Weise erhält die ursprüngliche Nachricht für den letzten Empfänger eine völlig neue Bedeutung. Leni war in die Küche zu ihrem Bruder Luca gegangen. „Wo ist den Mamma, Leni?“ Der kleine Bruder blickte seine große Schwester fragend an. „Mamma ist mit Berni in der Waschküche. Sie muss sich nur schnell etwas anziehen. Dann kommt sie hoch und bestellt für uns Pizza. Ich komm gleich wieder. Geh‘ nur schnell aufs Klo.“

Kaum war Leni verschwunden, da wurde die Eingangstür erneut aufgeschlossen. Klaus, der Herr des Hauses, war eingetroffen. Irritiert blickte er sich um. Keine Frau, kein Begrüßungskuss, keine Duft nach frischem Essen. Schon merkwürdig. Als er in die Küche schaute, sah er seinen Jüngsten. „Hallo Luca. Weißt du, wo die Mamma ist?“ „Hallo Paps. Mamma is mit Onkel Berni im Keller. Sie muss sich aber erst wieder anziehen. Wenn sie hochkommt, dann bestellt sie für uns Pizza." Klaus sah seinen Sohn etwas ungläubig an. „Was macht sie denn mit Berni im Keller? Und warum muss sie sich erst das Kleid wieder anziehen?" In seiner Fantasie tauchten für ihn nur schwer zu ertragende Szenen auf, in denen sich Elke und Berni, nackt in inniger Umarmung lustvoll stöhnend über den gefliesten Kellerboden wälzten. Sichtbar erregt und mit stark erhöhtem Puls ging er zum Podest, von dem aus die Treppe nach unten in den Keller führte. „Elke ... Ellllkeeee ... bist du da unten?" „Mann, Klaus, was schreiste denn so." Seine Frau stand in alten Schlabberhosen und einem etwas zu knapp geratenen T-Shirt unten an der Kellertreppe. „Wie siehst duuu denn aus? Was macht ihr eigentlich da unten?" Inzwischen war auch Berni aufgetaucht und lugte um die Ecke. „Hallo Klaus. Eure Waschmaschine läuft nicht. Wahrscheinlich streikt die Pumpe. Wollte eigentlich nur das Flusensieb reinigen. Tja, und dann stand plötzlich die Waschküche unter Wasser. Wir beide haben bis vor Kurzem noch gewischt. Ist aber alles erst einmal wieder trocken, von uns beiden mal abgesehen." Er hob zum Zeichen seine völlig aufgeweichten Schuhe und wies dann frustriert auf den restlichen Teil seiner Garderobe.

„Für heute ist Sense. Ich schau mir das morgen noch einmal an. Ich denke, die wird schon wieder ins Rollen kommen. Ich geh' dann erstmal rüber zu mir. Muss endlich raus aus dem nassen Zeug." Bei den letzten Worten war er schon die Kellertreppe emporgestiegen. „Also, tschüs dann. Wir sehen uns morgen." Er öffnete die Eingangstür und trat nach draußen. Elke war zwischen auch nach oben gekommen.

„Da komm‘ ich mittags extra nach Hause, um mit meiner Familie beim gemeinsamen Essen eine entspannte Zeit zu verbringen, und dann das. Kein Essen, nur Chaos. Hier oben sieht‘s aus wie bei Hempels unterm Sofa.“ Klaus hatte sich richtig aufgeplustert. „Ich glaub‘s ja nicht. Bei dir piepst wohl? Meinst du vielleicht es reicht, wenn der gnädige Herr hin wieder seine Kreditkarte durch den Schlitz schiebt, weil ein neuer Haushaltsgegenstand gekauft werden muss? Wenn du mal hin und wieder einen Blick auf unsere Waschmaschine im Keller geworfen hättest, wäre dieses ganze Chaos gar nicht erst entstanden. Aber nee, morgens lecker Frühstück und ab ins kuschelige Büro. Ich kann hier die Kinder bespaßen und den Haushalt versorgen. Nebenbei noch Einkaufen, Saubermachen und Mittagessen zubereiten, damit der feine Herr dann mit umgebundenem Lätzchen hier einfliegen und die Beine hochlegen kann. Was denkst du eigentlich, was ich den ganzen Tag hier treibe? Klar, liege die ganze Zeit auf der Couch, hab‘ die Glotze an und quatsche stundenlang mit meinen Freundinnen, oder? Geht aber nicht. Die müssen nämlich auch so in die Kurbel hauen, wie ich.“ Elke hatte sich richtig in Fahrt gebracht, und der Blick, mit dem sie ihren Ehemann jetzt fixierte, hatte so gar nichts mit dem gemein, der ihn noch vor wenigen Jahren in die Knie gehen und um ihre Hand anhalten ließ. Er nutzte die kurze *Feuerpause*, die soeben entstanden war, um selbst mit ein paar *lichtvollen* Beiträgen dagegen zu halten.

„Fehlt ja nur noch der Klassiker *Ich pack‘ jetzt meine Sachen und geh‘ mit den Kindern zu meiner Mutter.*“ Elke fuhr, wie von der Tarantel gestochen, herum. Sie knallte beide Hände auf die Tischplatte und warf ihm einen vernichtenden Blick zu. In dieser kurzen Pause, die jetzt entstand, hätte man ihren Herzschlag hören können. „Suuuper Idee. Genau sooo mach ich das. Mir hängt das hier alles schon lange zum Hals heraus."

Ohne auf seine Reaktion zu warten, drehte sie sich auf dem Absatz herum und rannte nach oben, wo das Bad und das Schlafzimmer der beiden lagen. Klaus sackte hilflos auf einem der Stühle am Esstisch zusammen. „Das ist ja ein Albtraum. Was geht denn hier gerade ab." In der Etage über ihm, der Geräuschpegel ließ keine andere Deutung zu, fegte seine Angetraute durch Bad und Schlafzimmer. Schubladen und Türen knallten so laut, dass es im ganzen Haus schepperte. Nur wenig später, kam Elke, eine Reisetasche in der Hand, aufgebrezelt und in voller *Kriegsbemalung* die Treppe heruntergerauscht. „Wo willst du jetzt hin?" Klaus blickte seine Frau unsicher an. „Ich treff' mich jetzt mit Alina und da bleib' ich auch erst einmal." Er war unter den gegebenen Umständen schon erleichtert, dass sie *Alina* und nicht *Berni* gesagt hatte. „Kannst dich dann mal in den nächsten Tagen um deine Kinder kümmern." Damit knallte sie die Haustür zu. Plötzlich tauchte Luca auf. „Ist Mamma sauer auf mich, weil ich das mit dem Kleid und Onkel Berni gesagt habe?" Der Kleine blickte seinen Vater aus traurigen Augen an. „Nee, nee ... Lucki. Hat mit dir nichts zu tun. Mamma ist auf mich sauer. Ich geh' heute nicht mehr ins Büro. Bleib' bei euch. Ich ruf jetzt an und wir bestellen uns Pizza, okay? Frag' mal deine Schwester, welche Sorte sie haben will. Und dann sagst du mir, welche du willst."

Luca schob wieder ab und ließ seinen Vater mit seinen Sorgen zurück. „Wie konnte das hier nur so ausarten? Und alles nur wegen dieser Scheißpumpe."

Die Grenze

Das ist die Linie, die zwischen zwei Staaten verläuft. Sie beschreibt aber auch jenen Bereich, an dem unsere mentale und körperliche Leistungsfähigkeit zu enden scheint. Bei genauer Betrachtung findet man sie nicht nur in den großen Weltreligionen, sondern in allen Formen des Glaubens unserer Menschheitsgeschichte. Hier definiert sie das Gebot, setzt uns den ethisch moralischen Rahmen für das Leben miteinander. Sie wird zur Leitlinie nach der wir achtsam und tolerant zusammen leben sollten.

Eine Grenze existiert auch dort, wo politische Ideologien aufeinandertreffen. All das, was wir hier beschreiben, sind Grenzen, die wir uns selbst geschaffen haben, die von uns bewusst festgelegt worden sind. Einige können wir sehen, andere in jedem Fall einschätzen. Wir sind selbstverständlich in der Lage, sie zu beachten. Wir können entscheiden, ob, wann oder wie oft wir sie überschreiten, oft in der Absicht, an unseren Ausgangspunkt zurückkehren zu wollen. Wir können das, weil wir sehr genau wissen, wo die Grenzen liegen. Dennoch übertreten, verletzen wir sie. Manchmal ohne Absicht, oft jedoch im vollen Bewusstsein und mit dem Ziel, anderen zu schaden – mit allen auch nur denkbaren Folgen.

Es gibt jedoch eine Grenze, die wir auch kennen – sehen können wir sie allerdings nicht. Wir wissen auch nicht, wann wir sie erreichen, wann wir sie überschreiten werden. Dass wir sie unweigerlich erreichen, sie überschreiten aber niemals von ihr zurückkehren werden, ist unser Schicksal. Es ist jene magische Linie, die unser Leben von dem trennt, was auf unseren Tod folgt. Deshalb sind wir, vom ersten bis zum letzten Atemzug, Grenzgänger.

SAPPHO UND DAS BLUT DES FLÜCHTLINGS

Von Gino Pacifico.
Gedichte zu Emigration und Immigration.

Der Titel dieser Gedichtreihe ist durch die tragischen Ereignisse auf der Insel Lesbos im Jahr 2020 inspiriert.

Der Leser wird durch Sappho, der ersten aller Dichterinnen, durch diese Anthologie begleitet. Das Wiedererwachen der Dichterin „unter stetigem, herbem Knallen der brennenden und wütenden Höllenluft“ im Flüchtlingscamp stellt Mahnung und Hoffnung an den Leser zugleich dar. Europa fordert sie zur „Einheit zum Wohle aller“ auf.

In Pacificos Gedichten werden auch Fremdsein und Heimatgefühl der Gastarbeitergeneration im 20. Jahrhundert thematisiert und als Lehre für die Gegenwart mit dem Appell einer gelungenen Integration verwendet.

Jetzt erhältlich
Als gedrucktes Buch, EPUB und ePDF!
www.akres-publishing.com